Jürgen Gauer

Freunde machen das Leben bunt

Jürgen Gauer

Freunde machen das Leben bunt

Gottesdienste mit Kindern

Patmos Verlag Düsseldorf

Die Deutsche Bibliothek – CIP-Einheitsaufnahme

Gauer, Jürgen:
Freunde machen das Leben bunt: Gottesdienste mit Kindern
Jürgen Gauer. – Düsseldorf : Patmos-Verl., 1998
ISBN 3-491-70306-9

1. Auflage 1998
Umschlagbild: Dorothea Meyer
Umschlaggestaltung: Volker Butenschön
Fotos auf S. 3, 11: Dorothea Meyer
Fotos auf S. 37, 67, 93, 119, 143: Jürgen Gauer
Schriftsatz und Notensatz: Kontrapunkt Satzstudio Bautzen
Druck und Bindung: Grafo S. A., Spanien
3-491-70306-9

Inhalt

Vorwort

Die in diesem Buch enthaltenen Texte und Lieder sind Entwürfe von Gottesdiensten, die wir in unserer Ev. Kindertagesstätte »Senfkorn« in Geseke gefeiert haben. Von Anfang an gehörten die Gottesdienste mit den Kindern, mit ihren Eltern und/oder Großeltern und mit der Gemeinde zum festen Bestandteil unseres religionspädagogischen Konzeptes. Wir feiern sie zu bestimmten Zeiten im Kirchenjahr (z.B. Erntedank, Advent, Passion); zu Rhythmen, die im Kreislauf des Kindergartenjahres liegen (z.B. Kindergartenabschied, Sommerfest); zu Themen, die das Zusammenleben in der Kindertagesstätte betreffen (z.B. Freunde, Teilen, Vertrauen) oder zu gesamtgemeindlichen Anlässen (z.B. Gemeindefest).
Die Erwartungen und Hoffnungen, die wir – das Erzieherinnenteam und ich als Gemeindepfarrer – mit diesen Gottesdiensten verbinden, sind vielschichtig, vielfältig, bunt. Einige Aspekte, einige Zielvorstellungen, die uns wichtig sind, möchte ich an dieser Stelle kurz benennen, ohne mit der Reihenfolge Prioritäten setzen zu wollen.

- Die Gottesdienste möchten den Kindern Zugänge zu religiösen Erfahrungen, zu Bildern, Worten und Zeichen des Glaubens eröffnen; zu Erfahrungen, die die Kinder heute nicht mehr selbstverständlich im Umfeld der Familie machen können.
- Die Gottesdienste möchten das Senfkorn »Glauben« in die Herzen der Kinder einsäen.
- Die Gottesdienste möchten die Kinder (und damit verbunden auch die Eltern) zur Gemeinde heran- und in die Gemeinde hineinführen (zu Familiengottesdiensten; Mutter-Kind-Gruppen; Ehepaarkreisen, Gemeindefesten, Familienfreizeiten etc.).
- Die Gottesdienste möchten den Kindern nahebringen: Gott ist euer Freund. Er will euch leiten und begleiten. Er will euch suchen und finden. Er will bei euch sein auf allen Wegen und Umwegen des Lebens. Er ist ein Gott, der sagt: »Lasset die Kinder zu mir kommen«.

Es ist uns wichtig, Gottesdienste für Kinder und mit Kindern zu feiern. Das bedeutet für uns:

1. Gottesdienst für Kinder und mit Kindern ist weniger etwas Besinnliches als etwas Sinnliches. Will sagen: Das Wort Gottes will mit *allen* Sinnen erfahren werden. Es will nicht nur gehört und erzählt werden, es verlangt nach viel umfassenderer Wahrnehmung und Gestaltung. Es will gehört, getanzt, gespielt, gesungen werden; es will erspürbar werden mit »Herzen, Mund und Händen«; es braucht Freiheit und

Freiraum und darf nicht durch traditionell liturgische Korsettierung enggeführt werden.

2. Gottesdienst für Kinder und mit Kindern ist weniger etwas Beschauliches als etwas Anschauliches. Will sagen: Neben meditativen, ruhigen Oasen ist es für Kinder im Gottesdienst ganz wichtig, daß sie, im doppelten Sinne, etwas zu begreifen haben. Daß sie nicht nur geistig-geistlich »gefüttert« werden, sondern Geistliches über Symbole mit Händen und Augen ergreifen und begreifen, anfassen und erfassen können.
3. In Gottesdiensten für Kinder und mit Kindern muß für die Kinder Platz sein, das Leben in all seinen Schattierungen und all seiner Buntheit zu beklagen und zu feiern. Es muß Platz sein für Emotionen und Körperlichkeit, für Kreativität und Aktivität. Somit geht es in diesen Gottesdiensten ums Denken und Danken, ums Beten und Bitten, ums Leben und Loben, ums Klagen und Fragen, ums Singen und Springen, ums Winken und Schminken u.v.a.m.
4. Gottesdienst für Kinder und mit Kindern darf kein solopastorales Geschehen sein. Er braucht die Mitplanung von vielen und die Mitwirkung durch viele. Und gerade das ist für mich auch das Schöne beim sonntäglichen Kindergottesdienst wie auch bei den Gottesdiensten in der Kindertagesstätte, daß in ihnen ein reformatorisches Essential zum Tragen kommt, das ansonsten im real existierenden Gottesdienstleben nur selten deutlich wird: das Priestertum aller Gläubigen.
5. Gottesdienste für Kinder und mit Kindern erfüllen eine ganz wichtige Brückenfunktion innerhalb der Kindertagesstätte wie auch in der Gesamtgemeinde. Sie verbinden Große und Kleine; Kinder, Geschwister, Eltern, Großeltern und Erzieherinnen; evangelische, katholische und zum Teil auch andersgläubige Mitfeiernde. Sie verbinden Pastor, Team und Kinder; Kindertagesstätte und Gemeinde, Kindertagesstätte und Schule (z.B. beim Einschulungsgottesdienst); Glaube und Alltagswelt, Botschaft und Situation.

Die hier vorgelegten Gottesdienste folgen, mit gewissen Modifikationen, einer Grundstruktur, die sich wie folgt darstellen läßt:

Wir finden uns in Gottes Namen zusammen

Wir finden uns ein	*(Gottesdienstraum schmücken; Kreuz aufstellen, Kerzen anzünden, Triangelläuten etc.)*
Wir kommen zur Ruhe	*(Musik, Meditation, symbolisches Zeichen etc.)*

Wir begrüßen uns *(durch Händereichen, die anderen in den Blick nehmen, Einstimmung und Gespanntmachen auf das Thema; Begrüßung etc.)*

Wir singen ein Lied
Wie beten

Wir hören Botschaften von und im Sinne Gottes

Wir singen ein Lied
Wir erleben eine Geschichte aus oder im Sinne der Bibel *(als Erzählung, Anspiel; mit Dias, Flanellbildern etc.)*

Wir lassen Gottes Botschaft nachwirken

(durch Deutung, Spiel, Spiellied; Aktion, Meditation, Symbolbetrachtung, Erzählung mit Chor, Tanz etc.)

Wir lassen uns von Gott senden

Wir singen ein Lied
Wir bringen unsere Bitten vor Gott *(durch Worte, Gebärden, Symbole etc.)*
Wir werden gesegnet *(durch Worte, Gestik, Segenskreis etc.)*

Mein besonderer Dank gilt dem ganzen Erzieherinnen-Team unserer Kindertagesstätte »Senfkorn«, als da sind Stephanie, Elke, Cornelia, Valentina, Maike, Britta, Ivonne, Silvia, Astrid und Marion. Sie alle waren mit großem Engagement und mit ihrem reichen pädagogischen Erfahrungsschatz an den Vorüberlegungen und Vorbereitungen der meisten der in diesem Buch abgedruckten Gottesdienste beteiligt und haben sie von der Themenfindung bis zur Durchführung mitbedacht und mitgemacht. Sie haben Aktionen vorbereitet, Anspiele, Tänze, Lieder etc. mit den Kindern eingeübt u.v.a.m. Allen herzlichen Dank. Ihr seid ein tolles Team.
Auch möchte ich an dieser Stelle ausdrücklich Udo Köller danken. Er, der vielseitig talentierte Musikus, hat viele der Gottesdienste musikalisch begleitet, und er hat mir oft mit Rat und Tat zur Seite gestanden, wenn es darum ging, meine Melodievorstellungen für meine Liedtexte in Noten zu setzen.

Mir bleibt der Wunsch, daß für alle, die sich durch die vorliegenden Gottesdienst-Entwürfe ansprechen und inspirieren lassen, etwas von dem spürbar, erfahrbar und erlebbar wird, was in einem Glaubenstext unserer Tage von Pierre Stutz so ausgedrückt ist:

Feiert das Leben,
schwimmt mit euren Kindern gegen den Strom der Gleichgültigkeit,
tanzt, feiert, erzählt einander Hoffnungsgeschichten
und erahnt den Puls des Lebens,
Gott, die Quelle des Lebens.

Geseke, im Frühjahr 1998 *Jürgen Gauer*

A. Wir gehören zusammen
(Zusammenleben im Kindergarten)

Freunde machen das Leben bunt

1. Hinweise zur Feier des Gottesdienstes

Dieser Gottesdienst hatte seinen Platz in den ersten Wochen nach Beginn des neuen Kindergartenjahres; einer ganz wichtigen Phase im Leben, im Zusammenleben der Kindertagesstätte. Bedingt durch die Sommerferienpause mußten sich die Kinder (wie auch das Erzieherinnen-Team) erst wieder »einfinden«, zueinanderfinden. Da gab es vieles an zwischenzeitlich Erlebtem einander mitzuteilen; man mußte seine »alten Freunde« in der Gruppe begrüßen; sich wieder an das Gebäude, an den Tages-Rhythmus u.s.w. gewöhnen. Nicht zuletzt galt es, die neuen Kinder zu »beschnuppern«, sie wahrzunehmen, kennenzulernen, Kontakte zu ihnen zu knüpfen und Freundschaften zu schließen.
Von dieser Kennenlernsituation waren natürlich auch die ersten Wochen des neuen Kindergartenjahres pädagogisch geprägt. Namensspiele, das Erstellen von »Steckbriefen« und Geburtstagskalendern standen ebenso im Mittelpunkt wie gemeinsame Aktionen (z.B. das erste Gruppenfest) und Themen wie: »Es ist schön, Freunde zu haben« oder: »Wir gehören zusammen«.
So lag es auch nahe, den ersten Gottesdienst im neuen Kindergartenjahr um Themen wie »Gemeinschaft« oder »Freundschaft« kreisen zu lassen. Bei unserem ersten Vorbereitungstreffen für die Planung dieses Gottesdienstes las ich dann dem Team zur Einstimmung »Die Geschichte von den Regenbogenkindern« vor. Da sie allen spontan gefiel und auch unseren thematischen Vorstellungen nahekam, beschlossen wir, um diese Geschichte und ihre Aussage herum diesen Gottesdienst zu gestalten und gaben ihm die Überschrift »Freunde machen das Leben bunt«.
Im Altarraum der Kirche wurde vor Beginn des Gottesdienstes, für alle sichtbar, ein großer Regenbogen an der Decke befestigt, den Kinder zuvor auf eine große, stabile Pappe gemalt hatten. Desweiteren sind für die szenische Gestaltung der »Regenbogengeschichte« vier Felder mit Turnseilen markiert, die jeweils mit gelben, grünen, blauen oder roten Tüchern (= die einzelnen Farbländer) ausgelegt waren. Im Schnittpunkt der vier Farbfelder haben wir einige Trapezpodeste aufgestellt (sie symbolisieren den Berg, auf dem sich die »Farbkinder« am Ende der Geschichte treffen, um den Regenbogen, der über ihnen hängt, zu erreichen). Die szenische Gestaltung der Geschichte haben wir mit den älteren Kindern unserer altersgemischten Gruppe eingeübt.

2. Ablauf des Gottesdienstes

- Wir finden uns in Gottes Namen zusammen
  - Wir finden uns ein
  - Wir bilden einen Kreis
  - Wir singen ein Lied
  - Wir hören die Geschichte von Noah und dem Regenbogen
  - Wir beten
- Wir hören eine Geschichte
  - Wir singen ein Lied
  - Wir erleben »Die Geschichte von den Regenbogenkindern«
- Wir lassen das Gehörte nachwirken
  - Wir singen ein Lied
  - Wir schminken uns
  - Wir tanzen einen Regenbogentanz
- Wir lassen uns von Gott senden
  - Wir beten
  - Wir singen ein Lied
  - Wir werden gesegnet

3. Durchführung

1. Wir finden uns in Gottes Namen zusammen

1.1 Wir finden uns ein

(Vor Beginn des Gottesdienstes wurde jedem Kind mit Theaterschminke entweder ein gelber, ein roter, ein blauer oder ein grüner Farbtupfer auf die Stirn gemalt. Auf die Fragen der Kinder, was denn der bunte Punkt bedeute, wurde nur »geheimnisvoll« angedeutet, daß der Punkt mit unserem Gottesdienst zu tun habe.)

1.2 Wir bilden einen Kreis

(Damit sich unsere Gottesdienstgemeinde auch insgesamt wahrnehmen konnte, haben wir alle, Kinder, Erzieherinnen und Pastor, um die Spielfläche im Altarraum herum einen großen Kreis gebildet und uns ein wenig Zeit genommen, um uns umzuschauen, uns anzuschauen, um uns anzulachen, uns zuzuwinken etc.)

1.3 Wir singen das Lied: »Wir machen einen großen Kreis«

(Entsprechend dem Text der einzelnen Strophen werden die dazugehörenden Bewegungen / sich anfassen; sich drehen / und Gesten / sich zuwinken / von allen mitgemacht.)

»Wir machen einen großen Kreis«

Text und Melodie: © Jürgen Gauer

2. Wir fassen uns nun an im Kreis,
damit es hier ein jeder weiß:
daß wir alle Freunde sind,
daß wir alle Freunde sind.

3. Wir drehen uns herum im Kreis,
damit es hier ein jeder weiß:
daß wir alle Freunde sind,
daß wir alle Freunde sind.

4. Wir winken uns nun zu im Kreis,
damit es hier ein jeder weiß:
daß wir alle Freunde sind,
daß wir alle Freunde sind.

1.4 Wir hören die Geschichte von Noah und dem Regenbogen

(Nach dem Lied bleiben alle noch im Kreis stehen. Der Pfarrer begrüßt die Kinder:)

Guten Morgen, alle zusammen. Wenn ich mich so in unserem Kreis umsehe, muß ich sagen: Schön bunt und lustig seht ihr aus mit euren gelben, roten, blauen und grünen Punkten auf der Stirn. Und um etwas, was auch unser Leben so richtig bunt und schön macht, geht es heute in unserem Gottesdienst. Hat jemand von euch eine Idee, was ich damit

meine? *(Kinder raten lassen und gegebenenfalls durch Kleinfragenketten zum Thema »Freunde« führen, das zur Zeit in der Gruppe besprochen wird.)* Richtig: Freunde machen das Leben bunt und schön. Das wißt ihr doch alle: Es ist schön, wenn ich einen Freund habe, mit dem ich lachen kann. Es ist schön, wenn ich einen Freund habe, mit dem ich spielen kann. Es ist schön, wenn ich einen Freund habe, den ich mal in den Arm nehmen oder drücken kann. Ja, Freunde machen das Leben schön und bunt.
Übrigens: Ist euch, außer euren Punkten auf der Stirn, noch etwas anderes Buntes aufgefallen? *(Kinder antworten lassen: »Die bunten Tücher auf der Spielfläche«, »Der Regenbogen an der Decke«.)* Welche Farben erkennt ihr denn im Regenbogen? *(Kinder nennen die Regenbogenfarben; anschließend singen wir die 1. Strophe vom »Regenbogenlied«.)*

»Regenbogenlied« Text und Melodie: © Jürgen Gauer

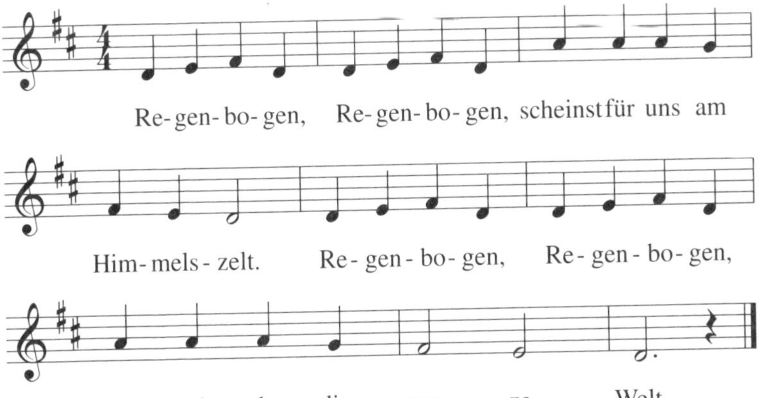

Der Regenbogen ist ein Freundschaftszeichen. Er ist ein Zeichen der Freundschaft Gottes mit uns Menschen. Ich will euch dazu eine Geschichte aus der Bibel erzählen. Dazu wollen wir uns erst einmal alle setzen *(Die Kinder setzen sich wieder in die Kirchenbänke.).*
Lang, sehr lang ist es her, da waren die Menschen sehr böse. Sie zankten sich, sie redeten schlecht übereinander; sie schlugen sich. Und Gott sah das alles, und er beschloß, eine große Wasserflut zu schicken. Die sollte die ganze Erde vernichten. Es lebte aber damals noch ein guter Mann. Der hieß Noah. Den wollte Gott retten. Und so sprach Gott zu Noah: »Bau ein großes Schiff. Denn bald wird es so stark regnen, daß alle Blumen und Bäume, alle Tiere und Menschen im Wasser untergehen werden.

Aber dich, Noah, und deine Familie will ich retten. Und dazu von jedem Tier ein Männchen und ein Weibchen.« Noah gehorchte Gott und baute ein großes Schiff. Bald war es soweit: Das Schiff war fertig. Da rief Noah von jeder Tierart ein Paar. Und alle kamen: Löwen und Kaninchen, Adler und Hamster, Giraffen und Maikäfer, Elefanten und Meerschweinchen, Bären und Katzen. Und als alle Tiere im Schiff waren, stiegen auch Noah und seine Familie ein.

Kaum hatte Noah die Türen und Luken des Schiffes geschlossen, da begann es auch schon zu regnen. Es regnete und regnete. Es goß in Strömen. Und bald war in den Flüssen und Meeren so viel Wasser, daß es über die Ufer trat und alles Land unter Wasser stand. Und es regnete immer noch weiter. Und das Wasser stieg höher und höher. Bald waren auch alle Berge überschwemmt. Und es regnete weiter und weiter. 40 Tage lang. Noah aber und seine Familie und all die Tiere waren im Schiff ganz sicher und beschützt. Und Gott beschloß, den Regen zu beenden. Doch es dauerte noch einmal viele Wochen, bis das Wasser so weit zurückgegangen war, daß man die ersten Bergspitzen erkennen konnte. Und eines Tages war es soweit: Noah öffnete eine Schiffsluke und ließ eine Taube hinausfliegen. Und als die Taube zurückkam, da hatte sie einen grünen Zweig im Schnabel. Da wußte Noah: »Jetzt ist das Land wieder trocken. Jetzt wachsen wieder Blumen und Bäume auf der Erde. Das Wasser ist weg.«

Und Noah machte die Türen des Schiffes ganz weit auf, und die Tiere strömten hinaus, und sie blökten, brummten, gurrten und bellten vor Freude. Auch Noah war ganz glücklich: Endlich hatte er wieder festen Boden unter den Füßen. Und wie schön die Erde jetzt wieder aussah mit ihren bunten Blumen und den blühenden Bäumen, mit den saftigen Wiesen und den klaren Bächen. Und als Noah zum Himmel hinaufblickte, da sah er dort einen wunderschönen, leuchtenden Regenbogen. Und er baute aus Steinen einen Altar und sprach: »Danke, Gott, daß du meine Familie und mich und all die Tiere gerettet hast.«

Da antwortete Gott dem Noah und sprach: »Hör zu, Noah. Ich werde keine Wasserflut mehr senden, um die Erde zu vernichten. Daran soll euch der Regenbogen am Himmel erinnern. Er ist ein Zeichen der Freundschaft zwischen mir und euch Menschen. Er ist ein Zeichen dafür, daß ich, Gott, der Herr, euch beschützen will. Und immer, wenn ihr am Himmel einen Regenbogen seht, dann denkt an mich und auch daran, daß es gut ist, wenn die Menschen sich verstehen. Denn so wie ein Regenbogen den Himmel mit vielen Farben schmückt, so machen auch Freunde das Leben bunt.«

(Wir singen gemeinsam die 2. und 3. Strophe des »Regenbogenliedes«:)

2. Regenbogen, Regenbogen,
schmückst für uns das Himmelszelt.
Regenbogen, Regenbogen,
zeigst uns, daß Gott zu uns hält.

3. Regenbogen, Regenbogen,
leuchtest hell am Himmelszelt.
Regenbogen, Regenbogen,
Gott liebt uns und diese Welt.

1.5 Wir beten

Lieber Gott:
Dein Regenbogen spannt sich über uns wie ein bunter Schirm.
Wir freuen uns über seine Farben.
Das Gelb erinnert uns an die Sonne, die unser Leben hell macht.
Das Rot erinnert uns an ein Feuer, das uns wärmen kann.
Das Grün ist die Farbe der Bäume, die uns Schatten spenden.
Das Blau erinnert uns an den Himmel und die Luft, die wir atmen.
Gott, wir danken Dir für den Regenbogen und bitten Dich:
Laß uns nicht vergessen, daß der Regenbogen ein Zeichen der Freundschaft ist.
Laß uns nicht vergessen, daß Du, Gott, unser Freund bist.
Laß uns nicht vergessen, daß auch wir uns bemühen, Freunde zu sein.
Amen.

2. Wir hören eine Geschichte

2.1 Wir singen das Lied: »Bunt ist unser Leben«

Text und Melodie: © Jürgen Gauer

2. Bunt ist unser Leben,
das uns Gott gegeben.
Keiner bleibt bei uns am Rand.
Kommt, wir reichen uns die Hand.

3. Bunt ist unser Leben,
das uns Gott gegeben.
Und es ist besonders schön,
wenn wir alle uns versteh'n.

2.2 Wir erleben »Die Geschichte von den Regenbogenkindern«

(»Die Geschichte von den Regenbogenkindern« von Hans-Martin Große-Oetringhaus ist veröffentlicht in einem Faltblatt »Sieben Leben möchte ich haben«, das vom Diakonischen Werk der EKD für die Aktion »Brot für die Welt« im Jahr 1996 herausgegeben worden ist. Für die szenische Umsetzung habe ich den Originaltext dieser Geschichte an einigen Stellen umgeschrieben bzw. ergänzt.
Gut zwei Wochen vor diesem Gottesdienst haben wir begonnen, die nötigen Requisiten zusammenzutragen bzw. herzustellen (z.B. die farbigen Gegenstände für die einzelnen Länder etc.). Die in der Geschichte vorkommenden Kinder (Gelbkind, Grünkind, Blaukind und Rotkind) waren ganz in der jeweiligen Farbe »ihres Landes« verkleidet. Sie trugen ein entsprechend farbiges Käppchen und einen Kreppapierumhang; die Gesichter waren in »ihrer Landesfarbe« geschminkt. Jedes der mitspielenden Kinder trägt einen Beutel, in dem sich ein Schminktöpfchen mit seiner Farbe befindet.
Zu Beginn der Erzählung sitzen die mitspielenden Kinder in ihrem jeweiligen Farbfeld. Wenn von ihnen bzw. ihrem Land die Rede ist, erheben sie sich und halten die entsprechenden Gegenstände hoch bzw. spielen das Erzählte nach. Lediglich im 2. Teil der Erzählung haben die Kinder einige kurze Dialoge. Im Folgenden werden nur ganz spärliche Hinweise bezüglich der spielerischen Umsetzung der Regenbogengeschichte gegeben, da sich das meiste direkt aus dem Erzählverlauf ergibt. Es ist wichtig, daß die Geschichte von einem »guten Erzähler bzw. Erzählerin« gesprochen wird.)
Gerade haben wir gesungen: »Bunt ist unser Leben, das uns Gott gegeben. Und es freut sich jedes Kind, wenn wir alle Freunde sind.« Wir wollen euch dazu eine Geschichte erzählen und vorspielen. Es ist die »Geschichte von den Regenbogenkindern«. Und die geht so:
Es war einmal ein Kind. *(Grünkind steht auf, geht im Grünland umher und zeigt dabei einige der angesprochenen Gegenstände.)* Das hieß Grünkind. Und das Land, in dem Grünkind lebte, war das Grünland. Alle Menschen, die hier lebten – die Kleinen und die Großen –, waren grün. Auch alle Häuser waren grün. Und die Straßen. Auf ihnen fuhren nur grüne Autos. Alle Tiere hatten ein grünes Fell. Die Bälle waren grün. Und die Bilderbücher. Und die Zahnbürsten und sogar das Toilettenpapier. Es gab nur

grüne Legosteine und nur grüne Handtücher. Ja, alles in dem Land, in dem Grünkind lebte, war grün. Und Grünkind fand das ganz normal. Es war glücklich. Doch manchmal verspürte es eine Langeweile, die es sich nicht erklären konnte. *(Grünkind setzt sich wieder.)*
Blaukind *(Blaukind steht auf, geht im Blauland umher und zeigt dabei einige der angesprochenen Gegenstände.)* hatte noch nie etwas von Grünkind gehört – und gesehen erst recht nicht. Wie sollte es auch! Blaukind lebte nämlich im Blauland. Und der Name verrät uns sofort, daß alles in diesem Land blau war: die Menschen, die Blumen, die Malstifte, die Autos, die Tapeten. Ja, selbst die Feuerwehr war blau. Und die Ampeln. Und die Windeln. Und Blaukind spielte am liebsten mit seinem blauen Meerschweinchen. *(Blaukind setzt sich wieder.)* Eigentlich hätte Blaukind ganz glücklich sein können, wenn da nicht manchmal so ein Gefühl gewesen wäre von Leere und Einsamkeit.
Rotkind ging es nicht viel anders. *(Rotkind steht auf, geht im Rotland umher und zeigt dabei einige der angesprochenen Gegenstände.)* Alles, was es umgab, leuchtete in den schönsten Rottönen: sein Lieblingsbär genauso wie die Schokolade oder die Seife, der Suppenteller oder das Telefon. Und trotzdem: All das Rot war auf Dauer langweilig und ödete Rotkind nur an. *(Rotkind setzt sich.)*
Ja, und dann gab es noch Gelbkind *(Gelbkind steht auf, geht im Gelbland umher und zeigt dabei einige der angesprochenen Gegenstände.)*. Und wie es in seinem gelben Land aussah, das kann sich jeder wohl denken. Alles, was es hier gab, das war natürlich gelb: Die Blumen waren gelb und die Kirschen, die Waschlappen und die Spielsachen, die Lakritzschnecken und die Luftballons. Doch Gelbkind war zufrieden mit seinem gelben Leben und genoß es, mit seinem gelben Hund spazieren zu gehen. Und immer wenn der Hund besonders gut Männchen machte, bekam er eine gelbe Wurst.
Eines Tages, als Gelbkind mit seinem gelben Hund durch die gelben Felder streifte, entdeckte es über sich einen bunten Regenbogen *(Gelbkind schaut staunend zum Regenbogen an der Decke.)*. Gelbkind kam aus dem Staunen nicht mehr heraus. Da waren Farben am Himmel, die es noch nie zuvor gesehen hatte. Gelbkind konnte sich nicht satt genug sehen. Es hatte den Wunsch, etwas von den bunten Farben zu bekommen. Zumindest etwas von dem Grün für die Hütte seines Hundes. Nur, wie sollte es den Regenbogen erreichen, um an die Farben heranzukommen? Er war viel zu hoch am Himmel. Darum kletterte Gelbkind auf einen Berg *(Gelbkind steigt auf die Trapezpodeste, die unter dem Regenbogen, im Schnittpunkt der vier Farbländer stehen.)*, um den bunten Bogen besser erreichen zu können. Doch als Gelbkind am Gipfel ankam, sah es plötzlich noch zwei

andere Kinder den Berg hinaufkommen *(Grünkind und Blaukind steigen auf die Trapezpodeste.)*, die von einer Farbe waren, die es bisher nur vom Regenbogen kannte.
Und Gelbkind rief erstaunt: »Wer seid ihr?« Und die beiden antworteten ganz aufgeregt: »Ich bin Grünkind.« – »Und ich bin Blaukind. Und wer bist du?« – »Ich bin Gelbkind, das sieht man doch. Oder?« Mißtrauisch betrachteten sie sich gegenseitig, als sie plötzlich noch etwas Rotes den Berg hinaufsteigen sahen *(Rotkind steigt auf die Trapezpodeste.)*. Die drei winkten Rotkind zu. Und Rotkind fragte ganz außer Atem: »Wer seid ihr? Und was wollt ihr hier?« Und die drei anderen Kinder antworteten aus einem Mund: »Wir sind gekommen, um an die Farben des Regenbogens reichen zu können. Aber er ist immer noch zu hoch.« Enttäuscht blickten die vier zum Himmel.
Doch dann hatte Blaukind eine Idee und sagte: »Laßt uns tanzen! Dann sind wir so bunt wie der Regenbogen!« Die Idee gefiel den anderen. Erst einmal hüpften sie mal nach links und mal nach rechts *(Die Farbkinder beginnen zu hüpfen und zu tanzen.)*, und schließlich tanzten sie ganz wild und ausgelassen durcheinander. War das ein buntes Bild! Noch bunter und fröhlicher als ein Regenbogen. Und es gefiel den Kindern so gut, daß sie sich gegenseitig etwas von ihrer Farbe abgaben *(Die Farbkinder schminken sich nun gegenseitig mit »ihrer Farbe« aus dem Schminktöpfchen, das sie bei sich tragen. Währenddessen singen die anderen Kinder noch einmal die 1. Strophe des Liedes »Bunt ist unser Leben«.)*. Ja, auf einmal hatte Rotkind eine grüne Nase und Gelbkind blaue Backen. Grünkinds Stirn war plötzlich gelb, und Blaukind hatte viele rote Punkte auf dem Po. Und die vier bogen sich vor Lachen. Und von jetzt an war ihre Welt ganz bunt und lustig und aufregend. Und sie riefen alle ganz laut vom Berg herab: »Freunde machen das Leben bunt!«

3. Wir lassen das Gehörte nachwirken

3.1 Wir singen ein Lied

(Wir singen alle zusammen noch einmal die 2. und 3. Strophe des Liedes »Bunt ist unser Leben«.)

3.2 Wir schminken uns

(An dieser Stelle haben wir eine allgemeine Schminkaktion eingebettet, um so alle Kinder zu »Regenbogenkindern« werden zu lassen. Die Erzieherinnen sind dabei mit Schminkfarben durch die Sitzreihen gegangen und haben den Kindern, die ja bereits einen Farbtupfer auf der Stirn hatten, mit den drei weiteren Farben die Stirn »bepunktet«.)

3.3 Wir tanzen einen Regenbogentanz

(Vom Kassettenrecorder haben wir nun eine Instrumentalmusik eingespielt und die Kinder zu einem freien »Regenbogen-Freundschafts-Tanz« im Altarraum eingeladen. Alle haben dabei begeistert und ausgelassen mitgemacht, und das sich dabei dem Besucher bietende Bild konnte kaum bunter und fröhlicher sein. Nach ca. 2 Minuten haben wir die Musik und die Tanzbewegungen langsam ausklingen lassen.)

4. Wir lassen uns von Gott senden

4.1 Wir beten

(Dieses Gebet ist ein Gebet mit Bewegungen. Die Kinder werden eingeladen, die Bewegungen des Pfarrers nachzumachen.)
Wir wollen beten.
(Wir falten die Hände.)
Lieber Gott, ich danke Dir, daß Du die Welt geschaffen hast.
(Mit den Händen einen Kreis beschreiben.)
Ich danke Dir, daß ich auf dieser Welt leben kann.
(Auf sich selber zeigen.)
Ich danke Dir, daß es die anderen Menschen gibt.
(Auf die anderen Kinder und Erzieherinnen zeigen.)
Ich danke Dir für den Regenbogen, das Zeichen Deiner Freundschaft mit uns.
(Mit den Händen eine Bogenbewegung machen.)
Hilf, daß auch wir uns gut verstehen, denn Freunde machen das Leben bunt.
(Wir zeigen auf unsere geschminkte Stirn.)
Amen.
(Mit dem Kopf nicken.)

4.2 Wir singen das Lied: »Freunde, Freunde laßt uns sein«

Text und Melodie: © Jürgen Gauer

4.3 Wir werden gesegnet

Lieber Gott.
Du bist unser Freund.
Du hast uns lieb.
Spanne Deinen Bogen der Freundschaft über uns,
damit auch wir Freunde werden und uns gut verstehen.
Schenke uns dazu Deinen Segen.
Amen.

4. Hinweise zur Vorbereitung des Gottesdienstes

- **Folgende Utensilien müssen besorgt werden:**
  Theater- oder Gesichtsschminke in den Farben rot, grün, blau und gelb. Zwei Turnseile und Tücher in den o.g. Farben, um die Farbfelder für die Regenbogengeschichte zu legen (Achtung: Die Tücher müssen gut auf dem Boden befestigt sein, damit die Kinder beim Spiel nicht ausrutschen.). Desweiteren braucht man einige Podeste (als Berg) und Materialien für die Herstellung des Regenbogens (Pappe; Farben). Für die Verkleidung der Farbkinder braucht man bunte Pappe und buntes Kreppapier. Für den Regenbogentanz der Kinder benötigt man einen Kassettenrecorder und eine Kassette mit entsprechender Musik.

- **Folgende Dinge müssen hergestellt werden:**
  Der Regenbogen, der zum Gottesdienst von der Decke hängt, wird von Kindern einer Gruppe gebastelt und bemalt. Für die vier in der Regenbogengeschichte mitspielenden Kinder haben die Erzieherinnen die jeweils roten, grünen, blauen und gelben Käppchen und Umhänge aus Pappe und Kreppapier gebastelt. Ebenso müssen im Vorfeld einige der Gegenstände gebastelt werden, die die Farbkinder im Verlauf der Geschichte vorzeigen (z.B. das grüne Toilettenpapier, der rote Lieblingsbär, die gelbe Wurst etc.).

Schön, daß wir uns versteh'n

1. Hinweise zur Feier des Gottesdienstes

Dieser Gottesdienst wurde ohne gezielte Erdung zu einer Kirchenjahresfestzeit oder zu einem speziellen Anlaß gefeiert. Wir wollten einfach in der »kasualarmen« Sommerzeit gemeinsam mit den Kindern Gottesdienst feiern und sind bei unseren vorbereitenden Überlegungen recht unvermittelt auf das Thema »Schön, daß wir uns versteh'n« gekommen.
Entstanden ist daraus der nachfolgende Gottesdienstentwurf, der von seiner thematischen Ausrichtung her sicherlich zentrale Aspekte des Zusammenlebens in Kindergärten, Kindertagesstätten, aber auch in Familien und Grundschulen anspricht: die Aspekte Freundschaft, Gemeinschaft, Sich-Verstehen, Aufeinander-Zugehen etc.

2. Ablauf des Gottesdienstes

- Wir finden uns in Gottes Namen zusammen
  - Wir werden begrüßt
  - Wir nehmen uns wahr
  - Wir beten
  - Wir singen ein Lied
  - Wir hören die Geschichte von Zachäus
- Wir hören eine Geschichte
  - Wir singen ein Lied
  - Wir sehen das Tonbild zur Geschichte »Die verschenkte Freude«
- Wir lassen das Gehörte nachwirken
  - Wir schenken uns Schmuser und singen ein Lied
- Wir lassen uns von Gott senden
  - Wir beten
  - Wir singen ein Lied
  - Wir werden gesegnet

3. Durchführung

1. Wir finden uns in Gottes Namen zusammen

1.1 Wir werden begrüßt

(Nachdem die Kinder sich in der Kirche eingefunden haben, wird ein Kind gebeten, diesen Gottesdienst mit immer leiser werdenden Triangelklängen »einzuläuten«. Danach werden die Kinder von den Erzieherinnen mit dem nachfolgenden Lied begrüßt.)

Lied: »Schön, daß ihr jetzt da seid« Text und Melodie: © Jürgen Gauer

2. Schön, daß ihr jetzt da seid,
daß wir Gott nun danken.
Der in Liebe zu uns steht
ohne alles Wanken.

3. Schön, daß ihr jetzt da seid,
zu loben Gott, den Herrn.
Der uns segnet, der uns kennt,
jeden Menschen hat er gern.

1.2 Wir nehmen uns wahr

(Der Pfarrer begrüßt die Kinder und die Erzieherinnen zu diesem Gottesdienst. Danach führt er kurz in die nachfolgende Phase des »gegenseitigen Sich-Wahrnehmens« ein und fährt wie unten beschrieben fort. Dabei ist es wichtig, den Kindern nach jedem »Wahrnehmungs-Satz« Zeit zu lassen, sich auf das Gesagte einzulassen: Zeit zum Schauen, zum Hören, Zeit für Bemerkungen, für Fragen etc.)

Wir haben Augen. Wir wollen uns einmal umsehen. – Sind alle da? – Fehlt heute jemand? – Wer fehlt? – Schaut jeden einmal an. – Laßt euch Zeit dafür. – *(Kindern Zeit geben.)* – Möchtet ihr gerne jemandem zuzwinkern? – Wir wollen Gott für unsere Augen danken und singen:

Lied: »Wir sagen Dank« Text und Melodie: © Jürgen Gauer

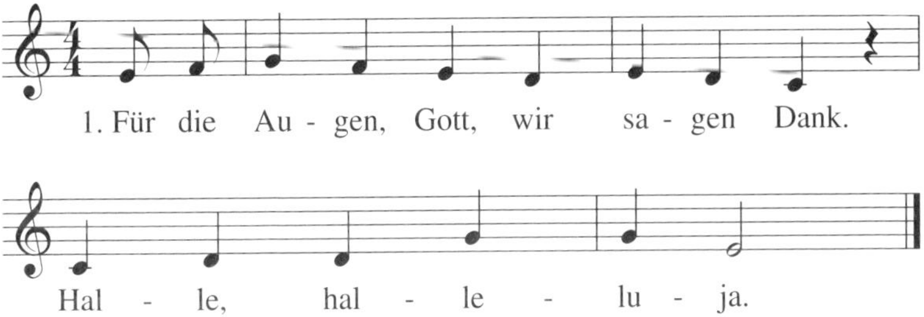

Wir haben Ohren. – Laßt uns mal alle unsere Ohrläppchen anfassen? – So, jetzt lassen wir unsere Ohrläppchen wieder los. – Mit unseren Ohren können wir *hören*. – Was können wir alles hören? – *(Kinder antworten lassen.)* – Ja, es ist schön, daß wir Ohren haben; daß wir hören können, was um uns herum geschieht und was jemand spricht. – Wir wollen Gott für unsere Ohren danken und singen:

2. Für die Ohren, Gott,
wir sagen Dank.
Halle, halle-lu-ja.

Wir haben Füße. – Wir wollen einmal aufstehen, uns auf unsere Füße stellen. – Jetzt wackeln wir mal ein bißchen mit den Zehen. – Wir hüpfen. – Und jetzt setzen wir uns wieder hin. – Wozu können wir denn unsere Füße brauchen? – *(Kinder antworten lassen.)* – Wir wollen Gott für unsere Füße danken und singen:

3. Für die Füße, Gott,
wir sagen Dank.
Halle, halle-lu-ja.

Wir haben einen Mund. – Wir rufen jetzt alle zusammen einmal ganz laut »Hallo«. – Was können wir alles mit unserem Mund machen? – *(Kinder antworten lassen.)* – Ja, mit unserem Mund können wir viel machen. Wir wollen Gott für unseren Mund und unsere Lippen danken und singen:

4. Für die Lippen, Gott,
wir sagen Dank.
Halle, halle-lu-ja.

Wir haben Hände. – Wir strecken sie einmal hoch über den Kopf. – Jetzt winken wir uns zu. – Was können wir denn alles mit unseren Händen machen? – *(Kinder antworten lassen.)* – Ja, mit unseren Händen können wir viel tun. – Wir wollen Gott für unsere Hände danken und singen:

5. Für die Hände, Gott,
wir sagen Dank.
Halle, halle-lu-ja.

1.3 Wir beten

(Das Gebet wird vom Pfarrer oder einer Erzieherin gesprochen.)
Unsere Hände können uns auch beim Beten helfen. Wir wollen sie jetzt falten.
Lieber Vater im Himmel.
Du hast uns Augen geschenkt, damit wir sehen können.
Du hast uns Ohren geschenkt, damit wir hören können.
Du hast uns Füße geschenkt, damit wir laufen können.
Du hast uns einen Mund geschenkt, damit wir sprechen können.
Du hast uns Hände geschenkt, damit wir uns anfassen können.
Wir bitten Dich:
Gib, daß wir Freunde werden.
Daß wir uns nicht aus den Augen verlieren,
daß wir aufeinander hören und Gutes zueinander sagen.
Daß wir uns an die Hand nehmen und aufeinander zugehen.
Amen.

1.4 Wir singen das Lied: »Freunde, Freunde laßt uns sein«

Text und Melodie: © Jürgen Gauer

1.5 Wir hören die Geschichte von Zachäus

Liebe Kinder! Ich möchte euch jetzt eine Geschichte erzählen. Eine Geschichte, in der Jesus einem Menschen, den niemand leiden konnte, seine Freundschaft anbot. Also, stellt euch einmal vor:
Es ist lange her. Wir befinden uns weit entfernt in einem fremden Land. Es heißt Israel. Und in diesem Land, da gibt es eine kleine Stadt: Jericho. Hier lebt ein Mann mit Namen Zachäus. Zachäus ist ein Zöllner. Er muß den Händlern, die in der Stadt Jericho ihre Waren verkaufen wollen, Zoll dafür abnehmen.
Und Zachäus – er knöpft den Kaufleuten meistens mehr Geld ab, als er darf. Er betrügt sie und steckt das Geld, das er ihnen zuviel abnimmt, in seine eigene Tasche. Ihr könnt euch also denken: Zachäus war bei vielen Menschen nicht sehr beliebt. Sie nennen ihn einen Betrüger, einen Halsabschneider. Sie gehen ihm aus dem Weg. Sie unterhalten sich nicht mit ihm. Sie lassen ihn links liegen. Nein, mit diesem Gauner Zachäus möchte keiner etwas zu tun haben. Ganz allein, ohne Freunde, lebte er in seinem großen Haus in Jericho.
Eines Tages nun, da kommt Jesus in die Stadt. Und die Einwohner von Jericho, sie sind alle auf den Beinen, um Jesus zu sehen, um ihn zu begrüßen. Ihn, den Sohn Gottes, von dem sie schon soviel Gutes gehört haben, der Kranke gesund macht und Traurige tröstet und den Menschen sagt, daß Gott sie alle sehr, sehr lieb hat.
Auch Zachäus will Jesus sehen. Und da er klein von Gestalt ist, klettert er auf einen großen Baum, setzt sich auf einen Ast und schaut auf die Straße herunter. Und es dauert auch nicht lange, da kommt Jesus. Und als er den Baum erreicht hat, auf dem Zachäus sitzt, bleibt Jesus stehen. Er schaut Zachäus freundlich an, und dann sagt er: »Zachäus, ich freue mich, dich zu sehen. Komm, steig schnell vom Baum herab. Ich möchte gerne mit dir reden und dich in deinem Haus besuchen.«
Und Zachäus? – Er klettert ganz eilig vom Baum herunter und läuft freudestrahlend nach Hause, um alles für den Besuch von Jesus vorzubereiten. Ganz glücklich ist Zachäus, daß Jesus bei ihm einkehren, mit ihm reden, mit ihm essen möchte. Ja, daß Jesus sein Freund sein will.
Ihr könnt euch sicher denken, daß die Leute von Jericho, die den Zachäus ja nicht mochten, das überhaupt nicht gut fanden. Sie sagten: »Was soll bloß dieses Verhalten von Jesus?! Warum besucht er denn gerade Zachäus, den Betrüger, den Schwindler? Weiß er etwa nicht, daß Zachäus den Menschen immer zuviel Geld abknöpft?«
Doch am nächsten Tag, da staunten die Bewohner von Jericho nicht schlecht. Denn irgendwie schien Zachäus, nachdem Jesus ihn besucht

hatte, die Welt mit anderen Augen zu sehen; mit den Augen Gottes, mit den Augen der Liebe. Er verteilte nämlich auf dem Marktplatz Geld an Bettler und Hilfsbedürftige. Doch damit nicht genug. Er gab auch allen Leuten das Geld zurück, um das er sie einst betrogen hatte.
Und die Leute in Jericho sprachen untereinander: »Schön, daß Jesus dem Zachäus seine Freundschaft angeboten hat. Schön, daß Zachäus jetzt auch mit anderen Menschen gut Freund sein möchte.« Und ein kleiner Junge winkte dem Zachäus von weitem fröhlich zu und rief: »Hallo, Zachäus. Ist es nicht schön, wenn Menschen sich versteh'n?« – Und Zachäus lachte ihm zu, und er sah dabei ganz glücklich aus.

2. Wir hören eine Geschichte

2.1 Wir singen das Lied: »Zachäus hat jetzt einen Freund«

Text und Melodie: © Gertrud Lorenz

2. Zachäus möchte Jesus sehn und steigt auf einen Baum.
3. Zachäus sitzt auf einem Baum, und Jesus sagt zu ihm:
4. Zachäus, steige schnell herab, denn ich besuch' dich heut.
5. Zachäus hat jetzt einen Freund. Darüber freut er sich.

2.2 Wir sehen das Tonbild zur Geschichte »Die verschenkte Freude«

(»Die verschenkte Freude« ist ein amerikanisches Volksmärchen von zeitloser Aktualität. Es greift wichtige Aspekte unseres gottesdienstlichen Themas auf und verdeutlicht, daß es schön ist, wenn man sich versteht **und** *sich dieses auch zeigt, z.B. in Form des Verschenkens von »Schmusern«. Was die Präsentation dieser Geschichte anbelangt, so habe ich gern auf die Kinder sehr ansprechenden Bilder von Eva Marino zurückgegriffen, die vom Verlag »Impuls Studio« München als Tonbild mit dem Titel »Die verschenkte Freude« herausgegeben worden sind. Den Text*

des Tonbildes habe ich an einigen Stellen umgeschrieben und seinen Duktus in Richtung »Happy End« verändert. Natürlich können an dieser Stelle auch von den Kindern selbst gemalte Bilder mit dem Folienprojektor an die Wand geworfen werden.)

Hinführung: Liebe Kinder! Gerade haben wir die Geschichte von Jesus und dem Zöllner Zachäus gehört. Wir haben erfahren, wie gut es für Zachäus war, daß Jesus ihm seine Freundschaft angeboten hat. Ich möchte euch jetzt noch eine andere Geschichte erzählen. Auch sie zeigt uns, daß es schön ist, wenn man sich versteht und aufeinander zugeht. Also, hört einmal zu:

Dia 1 (Dorfleben): Es war vor langer, langer Zeit. Da lebten sehr kleine Leute auf der Erde. Sie wohnten in wunderschönen Häuschen und waren sehr glücklich. Sie lächelten gern und oft und grüßten einander herzlich.

Dia 2 (Beim Tauschen): Besonders liebten es die kleinen Leute, einander weiche, knuddelige Schmuser zu schenken. Immer hatten sie einen Beutel dabei, der randvoll mit Schmusern gefüllt war. Und wenn sie einem anderen einen solchen weichen, knuddeligen Schmuser schenkten, dann bedeutete das soviel wie: »Du, ich mag dich. Du, es ist schön, daß wir uns versteh'n.« Ja, die kleinen Leute verschenkten von Herzen gerne ihre weichen, knuddeligen Schmuser – und natürlich bekamen sie umgekehrt auch gerne selbst welche geschenkt. So ging es Tag für Tag, und alle lebten sehr glücklich und harmonisch in Freundschaft miteinander.

Dia 3 (Kobold, außerhalb des Dorfes): Außerhalb des kleinen Dorfes, in einer kalten Höhle, lebte ein großer, grüner Kobold. Oft saß er stundenlang vor seiner Höhle und starrte auf das kleine Dorf hinunter. Und jedesmal, wenn er sah, daß man sich dort weiche, knuddelige Schmuser schenkte, wurde er ganz ungehalten und ärgerlich. Denn das Verschenken von Schmusern hielt der Kobold für Unsinn. Und er ärgerte sich auch darüber, daß die kleinen Leute so glücklich waren. Er beschloß, hinunter ins Dorf zu gehen, um den Frieden und die Freundschaft zwischen den kleinen Leuten zu zerstören.

Dia 4 (Kobold und Männchen): Bald begegnete ihm ein kleines Männchen. Das begrüßte den Kobold freundlich und sagte: »Guten Tag. Ich möchte dir gern einen besonders schönen, weichen, knuddeligen Schmuser schenken. Ich habe ihn extra für dich aufbewahrt, weil du doch so selten ins Dorf hinunter kommst.« Der Kobold war über diese freundliche Begrüßung überrascht. Wie sollte er sich verhalten? – Doch schon regten sich giftige Gedanken in seinem Kopf.

Dia 5 (Geflüster zwischen Kobold und Männchen): Und er flüsterte dem kleinen Männchen zu: »Hör mal, weißt du denn nicht, daß dir bald deine weichen, knuddeligen Schmuser ausgehen werden, wenn du jeden Tag welche verschenkst? Schau, dein Beutel wird ja immer leerer. Sei lieber vorsichtig mit dem Schenken!«

Dia 6 (Verdutztes Männchen): Dann drehte sich der Kobold um, tappte auf seinen grünen Füßen davon und ließ den kleinen Mann einfach stehen. Und als der Kobold bei seiner Höhle ankam, da wußte er, daß es ihm gelungen war, Haß und Feindschaft in die Herzen der kleinen Leutchen zu säen.

Dia 7 (Man lehnt es ab, zu schenken): Der kleine Mann verhielt sich jetzt auch genauso, wie es der Kobold gedacht hatte: Dem Nächsten, der ihm begegnete, schenkte er nämlich keinen weichen, knuddeligen Schmuser mehr, und er weigerte sich auch, selbst einen Schmuser anzunehmen. Und jedem, den er nun traf, empfahl er, auf seinen Schmuser-Vorrat zu achten.
Bald hatte sich diese Neuigkeit im ganzen Dorf herumgesprochen, und jedermann begann, seine Schmuser zu zählen. Auch beäugten sich die kleinen Leute ganz mißtrauisch. Man ging sich aus dem Weg und versteckte die Schmuser voreinander. Die einst so friedliche und freundschaftliche Atmosphäre im Dorf war nun geprägt von Neid, Geiz und Feindschaft.

Dia 10 (!) (Kobold im Dorf): Der Kobold freute sich insgeheim darüber. Als er nun das nächste Mal ins Dorf kam, da grüßte ihn niemand mehr mit einem glücklichen Lächeln und schenkte ihm einen weichen, knuddeligen Schmuser. Vielmehr sahen ihn die kleinen Leutchen alle sehr mißtrauisch an. Doch so ganz war der Kobold mit seinem Erfolg noch nicht zufrieden. Er fürchtete, die Gewohnheit der kleinen Leute, sich gegenseitig weiche, knuddelige Schmuser zu schenken, könnte wieder durchschlagen. Und da kam ihm eine Idee.

Dia 12 (!) (Die bunten Steine in der Höhle): In seiner Höhle, da hatte er nämlich bunte, aber frostig kalte Steine, die er im Laufe der Jahre ausgegraben hatte. Und der Kobold dachte: »Diese Steine wären doch etwas für die kleinen Leutchen: sozusagen ein Ersatz für die weichen, knuddeligen Schmuser«.

Dia 13 (Der Kobold verteilt Steine): Die kleinen Leute nahmen die Steine zunächst mit Freuden an. Jetzt hatten sie endlich wieder etwas zu verschenken. Aber so viel Spaß wie früher machte ihnen das Schenken nicht mehr. Denn die Steine waren kalt und kantig und stachelig; man bekam von ihnen ganz zerstochene Hände. Und vor allem: Dieses Gefühl von Wärme und Freundschaft wie beim Schenken von weichen, knuddeligen Schmusern kam bei diesen Steinen nicht mehr auf.

Dia 15 (Die kleinen Leute im Dorf): So dachten die kleinen Leute im Dorf wehmütig an die Zeit zurück, als sie sich noch schöne, weiche, knuddelige Schmuser geschenkt hatten, als sie sich noch gut verstanden und in Freundschaft zusammenlebten. Und der eine oder andere dachte im Stillen: »Man müßte wieder damit beginnen, sich Schmuser zu schenken«.

Dia 2 (!) (Beim Tauschen): Und Gott sei Dank: Es dauerte nicht lange, und die kleinen Leutchen holten ihre Schmuserbeutel wieder aus den Verstekken. Und immer, wenn sie jemand im Dorf trafen, lachten sie sich an und schenkten sich gegenseitig einen weichen, knuddeligen Schmuser. Und bis heute leben sie wieder in Frieden und Freundschaft zusammen. Sie sind glücklich, sie winken sich zu, sie schenken sich Schmuser und sagen einander, wenn sie sich begegnen: »Schön, daß wir uns so gut versteh'n«.

3. Wir lassen das Gehörte nachwirken

3.1 Wir schenken uns Schmuser und singen das Lied: »Schön, daß wir uns versteh'n«

(Nun wird für jede Kinder-Gruppe ein »Schmuser-Beutel« in die Mitte des Altarraumes gelegt. Dann erzählt die Leiterin bzw. eine Erzieherin den Kindern, daß sich in diesen Beuteln viele weiche, knuddelige Schmuser befinden (vgl. zur Herstellung der Schmuser Teil 4 dieses Entwurfes), die wir uns gegenseitig beim nachfolgenden Lied schenken wollen. Vor jeder Strophe werden den Kindern kleine Regieanweisungen für die Form des Schenkens gegeben. Während nun die 1. Strophe des Liedes »Schön, daß wir uns versteh'n« von allen gesungen wird, bekommt zunächst jedes Kind von einer Erzieherin einen weichen, knuddeligen Schmuser geschenkt.)

Lied: »Schön, daß wir uns versteh'n«

Text und Melodie: © Jürgen Gauer

(»Regieanweisung«: Während wir nun die 2. Strophe singen, schenkt jeder seinem rechten Nachbarn seinen weichen, knuddeligen Schmuser.)

2. He, du, stell dir einmal vor:
Ich schenk' dir einen Schmuser und flüster dir ins Ohr:
Schön, daß ich singen kann mit dir
und umgekehrt auch du mit mir.
Ja, schön, daß wir uns versteh'n,
uns lachend in die Augen seh'n.
Ja, schön, daß wir uns versteh'n
und unser'n Weg gemeinsam geh'n.

(»Regieanweisung«: Während wir nun die 3. Strophe singen, schenkt jeder dem ihm gegenüber sitzenden Kind seinen weichen, knuddeligen Schmuser.)

3. He, du, stell dir einmal vor:
Ich schenk' dir einen Schmuser und flüster dir ins Ohr:
Schön, daß wir zusammen kuscheln,
singen, tanzen, lachen, tuscheln.
Ja, schön, daß wir uns versteh'n,
uns lachend in die Augen seh'n.
Ja, schön, daß wir uns versteh'n
und unser'n Weg gemeinsam geh'n.

(»Regieanweisung«: Während wir nun die 4. Strophe singen, winken wir uns alle mit unseren weichen, knuddeligen Schmusern zu.)

4. He, du, stell dir einmal vor:
Ich schenk' dir einen Schmuser und flüster dir ins Ohr:
Schön, daß wir hier Freunde sind,
ich und du und jedes Kind.
Ja, schön, daß wir uns versteh'n,
uns lachend in die Augen seh'n.
Ja, schön, daß wir uns versteh'n
und unser'n Weg gemeinsam geh'n.

4. Wir lassen uns von Gott senden

4.1 Wir beten

(Wir bilden einen großen Gebetskreis, indem wir uns hinstellen und uns an den Händen fassen. Dann spricht eine Erzieherin die nachfolgenden Gebetsworte:)

Lieber Vater im Himmel.
Wir danken Dir dafür,
daß wir nicht alleine sind auf der Welt.
Wir haben Eltern, Großeltern, Geschwister,
die für uns da sind und die uns sehr lieb haben.
Wir haben Freundinnen und Freunde in unserer Gruppe und anderswo, mit denen wir gerne zusammen spielen und lachen.
Lieber Gott. Wir danken Dir dafür,
daß wir Eltern, Großeltern, Geschwister, Freunde und andere Menschen haben und uns mit ihnen so gut verstehen.
Amen.

4.2 Wir singen das Lied: »Danke, Gott«

Text und Melodie: © Jürgen Gauer

2. Danke, Gott, daß wir uns hier versteh'n,
   daß wir gemeinsam durch das Leben geh'n.
   Dankeschön. Dankeschön.

3. Danke, Gott, daß wir uns hier versteh'n
   und unter deinem guten Segen steh'n.
   Dankeschön. Dankeschön.

4.3 Wir werden gesegnet

(Der Segen wird vom Pfarrer gesprochen.)
Gott möge euch behüten.
Er sei um euch wie ein guter Freund.
Er sei in euch, wie eine leise Stimme, die sagt: »Ich hab' dich lieb«.
Gott segne und begleite euch.
Amen.

4. Hinweise zur Vorbereitung des Gottesdienstes

- **Folgende Utensilien müssen besorgt werden:**

Insgesamt sind für diesen Gottesdienst nur wenige Vorbereitungen zu treffen. Besorgt werden müßte bei einer Kreisbildstelle oder einer Mediothek das Tonbild »Die verschenkte Freude«, herausgegeben von »Impuls Studio«, München 1986, wenn in der Vorbereitung die Bilder nicht selbst gemalt werden sollen. Desweiteren werden benötigt ein Diaprojektor (alternativ der Folienprojektor) und eine Leinwand. Für die Schmuser-Verteilaktion braucht man einige Beutel (zum Aufbewahren bzw. Verteilen der Schmuser), verschiedenfarbige Watte (hieraus werden im Vorfeld von den Erzieherinnen die »weichen, knuddeligen Schmuser« gebastelt) und bunte Wollfäden.

- **Folgende Dinge müssen hergestellt werden:**

Gemäß der Anzahl der Kinder und der anderen mitfeiernden Personen werden Schmuser gebastelt. Hierzu haben wir einfach aus größeren Wattestücken ca. 12–15 cm große Teilchen herausgezupft und diese dann mit einem bunten Faden unterteilt.

B. Wir feiern heut' ein Fest
(Sommerfest / Gemeindefest)

Kleines Senfkorn Hoffnung

1. Hinweise zur Feier des Gottesdienstes

Dieser Gottesdienst wurde als Familiengottesdienst gefeiert, an dem die Kindergartenkinder, deren Eltern und Geschwister und zahlreiche Gemeindeglieder teilgenommen haben. Ziel des Gottesdienstes, der im Rahmen eines Sommerfestes stattfand, war es vor allem, mit Liedern und Texten auf den biblischen Hintergrund des Namens »Senfkorn« einzugehen.
An der Vorbereitung und Durchführung dieses Gottesdienstes haben die Erzieherinnen und viele Kinder mitgewirkt. So galt es, im Vorfeld mit den Kindern die Lieder einzuüben und eine Pantomime vorzubereiten. Desweiteren wurden vom Team Blätter aus buntem Papier gebastelt und ein wunderschöner großer Baum mit weitausladender Krone aus Pappkarton erstellt. Dieser Baum war, für alle gut sichtbar, an der Stirnseite des Gemeindehaussaales, in dem dieser Gottesdienst gefeiert wurde, befestigt. Vor Beginn des Gottesdienstes wurden dann die (Papier-) Blätter verteilt und die Gottesdienstbesucher gebeten, ihre Namen darauf zu schreiben. Diese »Namensblätter« wurden von zwei Erzieherinnen direkt eingesammelt und im Verlauf des Gottesdienstes an den großen (Papp-) Baum geklebt. Ferner galt es, Senfkörner zu besorgen (erhältlich in Blumen- und Gartencentern), die den Gottesdienstbesuchern beim Eintreten in den Saal in die Hand gelegt wurden.
Da dieser Familiengottesdienst das ansonsten übliche Zeitmaß für unsere Gottesdienste etwas übersteigt, hatten wir uns entschlossen, daß die Kinder erst nach dem Psalm zum Gottesdienst dazu kommen. Sie sind dann zu einem meditativen Musikstück, selbstgebastelte, bunte Fähnchen schwingend, in den Saal eingezogen und haben sich der Gottesdienstgemeinde mit einem Lied vorgestellt.

2. Ablauf des Gottesdienstes

- Wir finden uns in Gottes Namen zusammen
  - Wir werden begrüßt
  - Wir singen ein Lied
  - Wir beten

  - Wir sprechen einen Psalm
  - Einzug und Lied der Kinder
- Wir hören Gottes Botschaft
  - Wir hören das Gleichnis vom Senfkorn
  - Wir singen ein Lied
- Wir lassen das Gehörte nachwirken
  - Pantomime der Kinder
  - Lied der Kinder
  - Aktionsteil mit Lied
- Wir lassen uns von Gott senden
  - Wir bringen unsere Bitten vor Gott
  - Wir beten das Vater Unser
  - Wir singen ein Lied
  - Wir werden gesegnet

3. Durchführung

---

1. Wir finden uns in Gottes Namen zusammen

1.1 Wir werden begrüßt

Liebe Gemeinde! In einem modernen religiösen Lied heißt es: »*Unser Leben sei ein Fest, Jesu Geist in unserer Mitte, Jesu Werk in unseren Händen, Jesu Geist in unseren Werken. Unser Leben sei ein Fest, so wie heute an jedem Tag!*«
Und das wünsche ich auch euch, liebe Kinder, und ihnen, liebe Erwachsene, daß dieser Tag mit all seinen bunten und vielfältigen Angeboten für uns ein richtig schöner Festtag wird. Ein Tag der Freude, ein Tag der Begegnung, ein Tag des Sich-Näher- und Besser-Kennenlernens. Ein Tag, an dem der Geist Jesu uns als Gemeinde zusammenschließt – ungeachtet unserer Herkunft, unseres Alters, unserer Konfession.
Ja, ich wünsche mir, daß an diesem Festtag heute ein Stück weit spürbar wird: Uns verbindet alle ein gemeinsamer Geist. Ein guter Geist, ein Geist des Miteinanders, ein Geist der Freude und der Fröhlichkeit.
Jetzt feiern wir Gottesdienst. Und dieser Gottesdienst hat etwas zu tun mit dem klitzekleinen Samenkorn, das alle beim Betreten des Saales erhalten haben: dem Senfkorn. Von so einem kleinen Senfkorn, nach dem ja auch unsere Kindertagesstätte benannt ist, handelt auch eine wunderschöne Geschichte, die Jesus einst erzählt hat. Es ist das Gleichnis vom Senfkorn,

um dessen Inhalt herum wir diesen Familiengottesdienst vorbereitet haben.Viel Freude also euch allen beim Zuhören, beim Mitsingen, beim Zuschauen und beim Mitgestalten dieses Gottesdienstes.

1.2 Wir singen ein Lied: »Wir feiern heut' ein Fest«

Text: Rolf Krenzer / Melodie: Paul G. Walter

aus MC und Liedheft PGW 024: »Gott, du bist ja bei mir«

2. Wir feiern heut ein Fest und singen miteinander.

3. Wir feiern heut ein Fest und danken miteinander.

1.3 Wir beten

(Dieses Gebet wird von vier Erwachsenen gesprochen.)

I. Herr, unser Gott.
Wir sind heute hier zusammengekommen, um ein Fest zu feiern.
Wir, das sind Kinder und Erzieherinnen, Eltern und Geschwister, Großeltern und viele andere Gemeindeglieder.
Wir freuen uns, daß wir gemeinsam diesen Festtag hier mit einem Gottesdienst beginnen können, und bitten Dich:

II. Herr, unser Gott.
Segne Du uns diesen Gottesdienst,
Öffne unsere Ohren, damit wir Deine frohe Botschaft hören und begreifen.
Öffne unsere Herzen, damit Dein Wort der Liebe in unserem Leben Wurzeln schlagen kann.
Öffne unsere Lippen, damit wir Dich loben können mit unseren Liedern und unseren Gebeten.

III. Herr, unser Gott.
Wir danken Dir, daß wir dieses Fest heute feiern können und daß so viele bei der Vorbereitung mitgeholfen haben.
Nun schenke uns eine gute Gemeinschaft, die auch diesen Tag überdauert.
Laß uns aufeinander zugehen und miteinander ins Gespräch und ins Spiel kommen.
Laß uns alte Freundschaften auffrischen und gib, daß neue Freundschaften wachsen können.
Dein Geist der Liebe und des Sich-Verstehens präge unser Fest.

IV. Herr, unser Gott.
Sei Du um uns und in uns mit Deinem Segen, damit wir auch einander zum Segen werden.
Damit dieser Tag wirklich zu einem Fest werde.
Zu einem Fest der Freude und der Gemeinschaft.
Zu einem Fest der Hoffnung und der Begegnung.
Amen.

1.4 Wir sprechen einen Psalm

(Diese Übertragung des 36. Psalms wird von der Gottesdienstgemeinde im Wechsel gesprochen.)

I. Herr, Deine Güte reicht, so weit der Himmel ist.
Deine Sonne geht auf über allen Menschen,

II. Herr, Du kennst uns.
Du weißt, wo wir stehen und wie es um uns steht.
I. Du kennst die guten und die gelungenen Seiten unseres Lebens.
Aber Du weißt auch um die Ecken und Kanten, um die Seiten, mit denen wir uns und anderen wehtun.
II. Herr, Du bist um uns auf allen geraden Wegen,
aber auch in all den Irrungen und Wirrungen unseres Lebens.
I. Herr, deine Güte reicht, so weit der Himmel ist.
Deine Sonne geht über allen Menschen auf.
II. Herr, Du bist uns Freund und Begleiter;
Stütze und Trost; Brücke und Quelle.
I. Du läßt keinen von uns allein.
Jeder Mensch ist dir wichtig und wertvoll.
II. Du streckst uns deine Hand entgegen.
Du richtest uns auf, wenn wir hinfallen.
I. Herr, Deine Güte reicht, so weit der Himmel ist.
Deine Sonne geht über allen Menschen auf.
II. Du empfängst einen jeden von uns mit offenen Armen.
Deine Tür ist nie verschlossen.
I. Du bietest uns Deine Freundschaft an.
Dein Wort möchte durch unser Leben Antwort finden.
II. Schön ist es, unter dem Schatten Deiner Flügel Zuflucht zu finden und hineingenommen zu werden in den Wärmestrom Deiner Liebe.
I. Herr, Deine Güte reicht, so weit der Himmel ist.
Deine Sonne geht über allen Menschen auf.

1.5 Einzug und Lied der Kinder

(Begleitet von einem meditativen Stück der Gottesdienstband – auch von Orgel/Klavier oder vom Band möglich – ziehen die Kinder ein. Während sie durch den breiten Mittelgang nach vorne gehen, schwenken sie ihre selbst gebastelten bunten Fähnchen. Gemeinsam mit den Erzieherinnen begrüßen die Kinder die Gottesdienstgemeinde mit dem Lied »Wir sind die Kleinen in den Gemeinden«.)

2. Wir hören Gottes Botschaft

2.1 Wir hören das Gleichnis vom Senfkorn

Liebe Kinder! Liebe Erwachsene, die sie hoffentlich noch alle das Kind in sich verspüren – das Kind in der Frau, das Kind im Mann. Also, liebe kleine und große Kinder, euch allen, euch Kindern Gottes, möchte ich jetzt

eine Geschichte erzählen. Nicht irgendeine Geschichte. Nein, eine biblische Geschichte. Eine Geschichte, die Jesus einst den Menschen erzählt hat.
Es ist eine wunderschöne Geschichte. Eine Geschichte zum Staunen. Eine Geschichte, in der aus etwas ganz Kleinem etwas ganz Großes wird. Ja, es ist eine wunderbare Geschichte. Eine Geschichte vom Wachsen und vom Reifen; vom Wunder der Schöpfung und vom Schöpfer aller Wunder. Nun denn.
Eines Tages, ja eines Tages, da war Jesus mit seinen Jüngern unterwegs. Es war ein langer, ein erlebnisreicher, aber auch ein anstrengender Tag gewesen. Jesus hatte in etlichen Orten gepredigt; er hatte den Menschen von Gott erzählt und davon, daß Gott die Menschen ganz sehr lieb hat, daß er jeden Menschen ganz fest ins Herz geschlossen hat, daß jeder Mensch ihm ganz wichtig und wertvoll ist.
Überall, wo Jesus auftauchte, wollten die Menschen ihn sehen und ihn von Gott reden hören. Sie wußten: Jesus hatte eine ganz besonders dichte Beziehung zu Gott und zu seinen Mitmenschen. Und vor allem: Er hatte Kinder lieb, sehr lieb sogar. Oft nahm er sie in den Arm, streichelte ihnen durchs Haar, segnete sie und wünschte ihnen Gutes für ihr Leben. –
Doch, wie gesagt: Es war heute ein langer, ein ausgefüllter Tag für Jesus und seine Freunde gewesen. Und zudem war es sehr heiß. So waren Jesus und seine Freunde froh, endlich den kleinen Ort Bethesda erreicht zu haben, das Ziel ihres heutigen Weges.
Jesus ging mit seinen Jüngern zum Marktplatz. Dort stand ein großer Feigenbaum, unter dessen kühlem Blätterdach es sich gut aushalten und ausruhen ließ. Jesus und seine Jünger lagerten sich im Schatten des Baumes. Doch – es dauerte nicht lange, da waren sie umringt von einer großen Menschentraube. Jeder wollte Jesus sehen: Große und Kleine, Alte und Junge, Männer, Frauen, Kinder.
Und auf einmal, da streckte Jesus seine Hand aus. Die Leute wurden ganz ruhig und schauten gespannt. Dann öffnete Jesus die Hand, und darin lag, kaum sichtbar, ein ganz kleines Samenkorn. Genauer gesagt: ein Senfkorn. Die Menschen sahen Jesus ganz verwundert an. Alle wußten es: Das Senfkorn ist das winzigste Samenkorn, das es gibt. Ja, selbst ein Weizenkorn ist rund dreimal so groß wie so ein klitzekleines Senfkorn.
»Du, Jesus«, hörte man da auf einmal ein Kind fragen, »warum nimmst du gerade so ein winziges Samenkorn wie das Senfkorn in die Hand?« Jesus sah das Kind freundlich an. Dann rief er es zu sich, legte dem Kind das Senfkorn in die Hand und sagte:
»Schau mal. Wenn man dieses klitzekleine Samenkorn, dieses Senfkorn, in die Erde legt, dann bleibt es dort erst eine Weile ganz still liegen. Doch

dann stößt es mit seiner ganzen Kraft die Erde auf. Man sieht die ersten zarten, grünen Blattspitzen. Und dann wächst das Pflänzchen. Es wird größer und größer. Die Sonne tut ihm gut. Und auch der Regen. Das Pflänzchen wird zu einem großen Strauch. Und der Strauch wächst weiter und weiter. Er bekommt viele starke Äste. Und große Blätter – ja, er wird zu einem stattlichen Baum. Seine Zweige bilden eine majestätische Krone, die kühlen Schatten spendet. Und auch die Vögel des Himmels lassen sich in den Zweigen und Ästen des Baumes nieder. Und dort singen sie fröhlich und zwitschern und loben Gott, den Schöpfer, und bauen sich Nester für ihre Jungen.«

Ganz still war es unter den Zuhörern von Jesus geworden. Sie hatten ihm ergriffen und staunend zugehört. Und alle kannten sie ja auch die großen Senfkornbäume, die überall in der Gegend wuchsen und in deren Zweigen die Vögel sangen.

Jesus schwieg noch eine Weile, und dann sagte er: »Seht ihr, was für ein Wunder in einem kleinen Senfkorn steckt? Ist das nicht toll, daß daraus so ein großer Baum werden kann? Darum: Achtet das Kleine nicht gering, und vor allem: Denkt von Gott nicht zu klein, der hinter allem, was lebt und wächst, mit seiner Liebe steht. Ja, traut doch Gott etwas zu! Vertraut darauf, daß Gott es gut mit euch meint. Daß er auch in euch die vielen guten Vorsätze für ein gutes Zusammenleben wie Samenkörner zum Wachsen bringen möchte, damit Friede Wurzel schlagen kann unter den Menschen und Freude und Verstehen wachsen können.«

»Und vor allem«, fährt Jesus fort, »so wie das kleine Senfkorn zum Baum wird, so verhält es sich auch mit dem Reich Gottes, mit dem Reich des Friedens und der Liebe. Es fängt ganz klein an. Mit mir, mit dem Sohn Gottes. Dann kommen die Jünger dazu. Und aus den 12 Jüngern wird einmal eine große Schar von Menschen werden, die mir nachfolgen. Ja, auf der ganzen Welt werde ich Freunde haben. Denn so, wie ein Baum viele Äste hat und sie zum Himmel hin ausbreitet, so wird sich auch das Reich Gottes, die Sache der Liebe ausbreiten. Schön, nicht wahr?«

Tja, und so ist es dann auch gekommen. Heute gibt es überall auf der Erde Menschen, die Gott vertrauen, die Ihm ganz viel zutrauen. Sie feiern, wie wir heute morgen, Gottesdienste. Sie hören Gottes Wort und loben ihn mit ihren Liedern und ihrem Leben.

Auch wir gehören zu dieser großen Familie der Kinder Gottes. Jeder von uns ist gewissermaßen ein Blatt an diesem großen »Reich-Gottes-Baum«. Gott sei Dank. Amen.

2.2 Wir singen ein Lied: »Das Senfkorn ist klein«

2. Das Senfkorn –
das Senfkorn ist klein,
ist das kleinste unter den Körnern.
Der Baum bringt Zweige,
Zweige hervor.
Das Senfkorn wächst.

3. Das Senfkorn –
das Senfkorn ist klein,
ist das kleinste unter den Körnern.
Und Vögel wohnen,
wohnen im Baum.
Das Senfkorn wächst.

3. Wir lassen das Gehörte nachwirken

3.1 Pantomime der Kinder (Das Senfkorn wächst zum Baum)

(Der nachfolgende Text wird in ruhiger, meditativer Weise von einer Erzieherin gesprochen. Diesem Sprechstil und dem Verlauf der Pantomime angepaßt, begleitet die Band die Handlung mit entsprechenden Klängen bzw. Geräuschen.
Die Kinder spielen auf einer mit Spieltrapezen erstellten Bühne, damit alle Gottesdienstbesucher das Geschehen gut verfolgen können. Auf der Bühne liegen dunkle Stoffbahnen, die einen Erdboden symbolisieren sollen.
Die Kinder tragen aus braunem Kreppapier gebastelte Schulterumhänge und Ärmelteile (sinnbildliche Darstellung der Baumkrone und ihrer Äste). Zu Beginn der Pantomime hocken die mitspielenden Kinder (ca. 10–12) in Kreisform, ganz in sich zusammengekauert, auf der Bühne. Die Band

spielt zarte, leise Klänge. Dann beginnt die Erzieherin mit der Erzählung, die die Kinder mit sparsamen Gesten nachspielen:)
»Wir sind jetzt alle ganz kleine Samenkörner. – Wir liegen tief in der Erde. – Wir schlafen. – Wir träumen. – Wir sind ganz ruhig und bewegungslos. – Wir fühlen uns wohl in der warmen, weichen Erde. – Hier sind wir gut aufgehoben, behütet, beschützt.
Eines Tages reiben wir uns die Äuglein. – Wir erwachen. – Wir spüren eine Kraft, eine Energie in uns. – *(Musik wird etwas rhythmischer. Die Kinder gehen langsam in eine kniende Hockhaltung über.)* » Wir streifen die weiche Schale des Samenkorns ab. – Welch schönes Gefühl. – Wir räkeln uns. – Wir spüren, wie wir weiter wachsen. – Wie wir immer ein Stückchen größer werden. – *(Musik wird ein wenig lauter.)*
Und dann – eines Tages, durchstoßen wir die warme, weiche Erde über uns. – Ganz behutsam recken wir unsere Pflanzenspitzen in das Licht des Tages. – Sonnenstrahlen kitzeln uns. – Wir spüren den Wind. – Regen tröpfelt auf uns herab. – Und am Morgen, da fühlen wir die kleinen, erfrischenden Tauperlen auf unseren zarten, grünen Blättern. – Wie schön das ist, wie erfrischend. – Gut tut das. *(Band spielt die Melodie »Alle Knospen springen auf«. Die Kinder kommen langsam aus der Hocke, richten sich auf, strecken ihre Arme Stück für Stück nach oben und wiegen sich im Takt der Musik.)*
Wir wachsen weiter. – Unter dem warmen Licht der Sonne bilden sich Äste und Zweige, Knospen und Blüten. – Die Zweige werden größer und stärker. – Sie wiegen sich im Wind. – Sie strecken sich dem Himmel entgegen. – So, als wollten sie Gott winken. – Als wollten sie Ihm sagen: »Danke, Gott, daß Du uns die Kraft schenkst zum Blühen und zum Wachsen.« – Ja, aus unserem winzigen, kleinen Samenkorn ist nun ein großer, stattlicher Baum geworden. – Mit Wurzeln, die tief in den Erdboden reichen. – Mit einem festen Stamm. – Mit einer weitausladenden, herrlichen Krone, in der die Vögel sich niederlassen und ihre Nester bauen. *(Jetzt geht die Musik in die Melodie des nachfolgenden kurzen Liedes über, das die Kinder singen:)*

3.2 Lied: »Mein Baum war einmal klein«

Text: Rolf Krenzer / Melodie: Siegfried Fietz
aus: »Die Erde ist ein großer Tisch« (Nr.: 079)

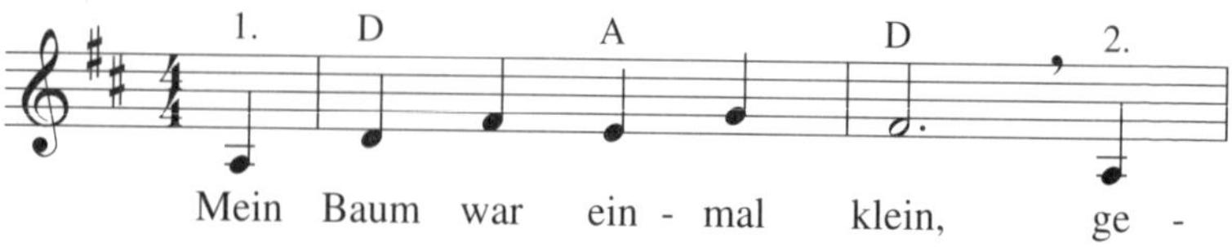

3.3 Aktionsteil mit Lied

(Während der einleitenden Worte zu dieser Aktion werden eine größere, zuvor aus Pappe gebastelte, Jesusfigur und 12 kleinere Figuren, die die 12 Jünger darstellen sollen, an den Stamm des Papierbaumes geklebt. Dieser hängt von Beginn des Gottesdienstes an an der Stirnseite des Saales [vgl. Hinweise zur Feier des Gottesdienstes].)
Wir alle haben beim Hereinkommen ein Senfkorn erhalten. Wir haben das Gleichnis vom Senfkorn gehört und die Wachstumspantomime der Kinder gesehen. All das hat uns begreifbar, hörbar und sichtbar gemacht, wie aus einem winzigen Senfkorn ein stattlicher Baum werden kann. Wie Gott aus etwas ganz Kleinem etwas ganz Großes wachsen lassen kann.
Jesus wollte damals mit dem Gleichnis vom Senfkorn deutlich machen, daß der Liebe Gottes keine Grenzen gesetzt sind, daß seine Liebe immer weitere Kreise zieht. Daß sie blüht und reift und wächst, wie ein kleines Senfkorn, aus dem ein herrlicher Baum mit einer weitausladenden Krone wird, sozusagen ein »Reich-Gottes-Baum«.
Angefangen hat alles mit Jesus Christus, der in der ersten Predigt nach seiner Taufe den Menschen verkündete: »Die Zeit ist erfüllt, und das Reich Gottes ist herbeigekommen« (Mk 1,15). Deswegen kleben wir das Bild von Jesus einmal hier ganz unten auf den Stamm des Baumes. *(Die Jesusfigur wird unten am Baumstamm befestigt.)* Die nächsten, die ihm auf der Spur der Liebe folgten, die ihm nachfolgten, das waren seine 12 Jünger. *(Die Jüngerfiguren werden über der Jesusfigur am Baumstamm befestigt.)* Von ihnen erfahren wir in der Bibel, daß sie alles steh'n und liegen ließen, weil sie davon überzeugt waren, daß sie in der Nähe Jesu etwas spüren konnten von der Liebe Gottes und von dem Segen, der von ihr ausgeht.
Ja, und auch wir alle, die wir heute miteinander Gottesdienst feiern, auch wir kleinen und großen Kinder Gottes, auch wir gehören zu der großen Familie der Menschen, die der Sache Gottes, die der Sache der Liebe viel

zutrauen. Auch wir sind ein Teil der weltweiten Gemeinde Gottes, auch wir sind ein Teil am »Reich-Gottes-Baum«. Das soll nun für uns auch ein Stück weit sichtbar werden, wenn wir die bunten Blätter, auf die wir eingangs unsere Namen geschrieben haben, an unserem »Reich-Gottes-Baum« befestigen. *(Während einige Erzieherinnen die Namensblätter am Baum befestigen, singt die Gottesdienstgemeinde das nachfolgende Lied:)*

Lied: »Segne uns und mach uns Mut«

Text: Reinhard Bäcker / Musik: Detlev Jöcker
aus: Buch, MC und PMC »Unter dem Baum des Lebens«
© Menschenkinder Verlag, Münster

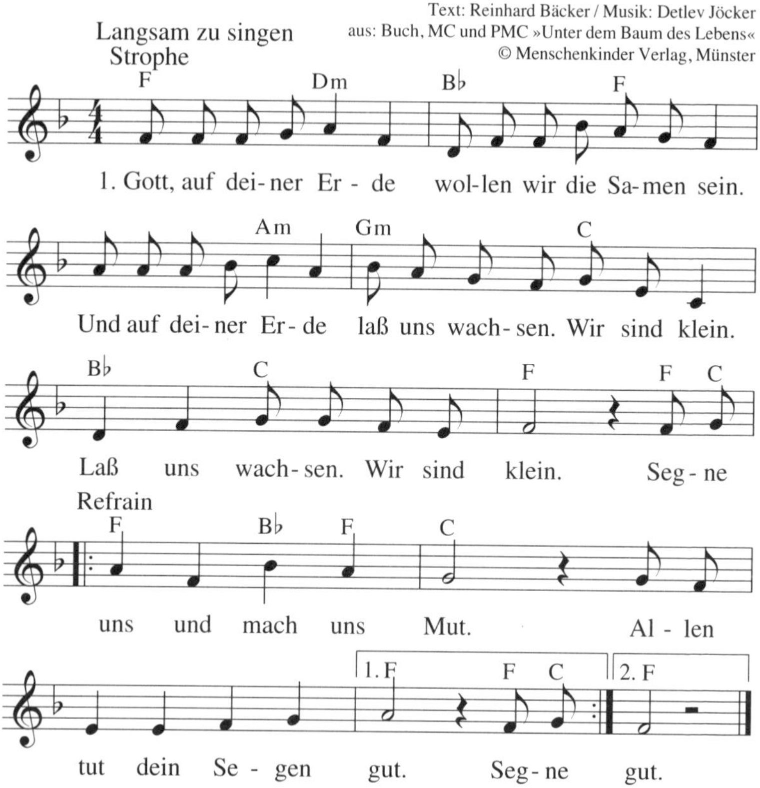

2. Gott, in deinem Garten
wollen wir wie Blumen sein.
Und in deinem Garten
laß uns blühen. Wir sind klein.
Laß uns blühen. Wir sind klein.
Refrain: Segne uns und
mach uns Mut ...

3. Gott, im Baum des Lebens
wollen wir wie Vögel sein.
Und im Baum des Lebens
laß uns wohnen. Wir sind klein.
Laß uns wohnen. Wir sind klein.
Refrain: Segne uns und
mach uns Mut ...

4. Gott, an deinem Himmel
wollen wir wie Sterne sein.
Und an deinem Himmel
laß uns leuchten. Wir sind klein.
Laß uns leuchten. Wir sind klein.
Refrain: Segne uns und
mach uns Mut ...

5. Gott, auf deiner Erde
woll'n wir deine Kinder sein.
Und auf deiner Erde
laß uns leben. Wir sind klein.
Laß uns leben. Wir sind klein.
Refrain: Segne uns und
mach uns Mut ...

6. Unter deinem Segen
können wir geborgen sein
und zum Segen werden
für die Großen. Wir sind klein.
Für die Großen. Wir sind klein.
Refrain: Segne uns und
mach uns Mut ...

4. Wir lassen uns von Gott senden

4.1 Wir bringen unsere Bitten vor Gott

(Das nachfolgende Gebet wird von drei Erwachsenen gesprochen.)

I. Herr, unser Gott.
Im Mittelpunkt unseres Familiengottesdienstes stand das Gleichnis vom Senfkorn.
Wir haben gehört, wie das kleine Korn zu einem großen Baum wird.
Wie aus scheinbar unscheinbaren Anfängen etwas großartiges Großes entstehen kann.
Wie reich Du Schöpfer aller Dinge aus dem Vollen schöpfst.
Wie wunderbar und segensreich Du Deiner Schöpfung und Deinen Geschöpfen zugewandt bist.

II. Herr, unser Gott.
Wir danken Dir, daß der Samen Deiner Liebe auch in uns eingesät ist, und bitten Dich:
Laß uns, verwurzelt in Deinem Wort, wachsen und groß werden: groß an Liebe, groß an Verzeihen und groß an Hilfsbereitschaft.
Begegne unserem Kleinglauben mit der Fülle Deiner Gnade.
Gib uns Mut und Geduld, auf Dein Wort zu hören und es durch unser Leben zum Blühen zu bringen.

III. Laß das Senfkorn deiner Liebe in uns wachsen, damit auch wir dem Nächsten und dem Fernen in Liebe begegnen können.

Laß das Senfkorn Deiner Hoffnung in uns blühen, damit auch wir anderen mit unserer Hoffnung Flügel verleihen.
Laß das Senfkorn Deines Friedens in uns groß werden, damit auch wir immer öfter das tun, was dem Frieden dient und ihn befördert.
Alle unsere Bitten, auch die unausgesprochenen, wollen wir nun einfließen lassen in das Gebet unseres Herrn:

4.2 Wir beten das Vater Unser

4.3 Wir singen das Lied: »Kleines Senfkorn Hoffnung« (1. Strophe)

(Dieses Lied findet sich in zahlreichen Liedersammlungen; so z.B. in dem Liederbuch »Wenn du singst, sing nicht allein«; Düsseldorf 1990, Nr. 128)

4.4 Wir werden gesegnet

Nun geht in diesen Tag, in dieses Fest, in diesen Festtag mit dem Segen unseres Gottes.
Der Herr sei in euch und um euch.
Der Herr schaue gnädig auf euch und er behüte euch.
Der Herr fülle eure Herzen und Sinne mit seiner Liebe.
Der Herr segne euch, heute an diesem Festtag und an allen anderen Tagen eures Lebens.
Amen.

4. Hinweise zur Vorbereitung des Gottesdienstes

Folgende Utensilien müssen besorgt werden: Senfkörner, Stifte. Ein Körbchen (für die ausgefüllten »Namensblätter«). Doppelseitig klebendes Tesaband (zum Ankleben der Blätter an den Baum). Bunter Pappkarton (zum Basteln der Blätter und des Baumes). Verschiedenfarbiges Kreppapier (zum Basteln der Fähnchen für den Einzug der Kinder und für die Schulterumhänge und Armstulpen der Kinder bei der Pantomime). Nach Möglichkeit eine Bühne für die Pantomime aufbauen und dunkle Stoffbahnen (Symbol für die Erde) zum Darüberlegen.
Folgende Dinge müssen hergestellt werden: Ein großer Baum mit weitausladender Krone. Pappblätter entsprechend der erwarteten Gottesdienstbesucher. Bunte Fähnchen für den Einzug der Kinder und braune Schultercaps und Armstulpen für die bei der Pantomime mitwirkenden Kinder.

Wenn Menschen zu Freunden werden, dann fängt das Leben an zu blühen

1. Hinweise zur Feier des Gottesdienstes

Im zweijährigen Rhythmus feiern wir in unserer Kirchengemeinde ein gemeinsames Gemeindefest unseres Pfarrbezirks Geseke und unserer Kindertagesstätte »Senfkorn«. Dadurch soll deutlich werden: »Wir gehören zusammen. Wir alle sind Gemeinde. Glieder am Körper Jesu Christi. Sein Wort, sein Geist, sein Segen schließen uns zusammen zur familia Dei.«
Das Thema für diesen Familiengottesdienst war von mir aus zwei Gründen ganz bewußt gewählt worden: Zum einen war es das erste gemeinsame Gemeindefest von Pfarrbezirk und Kindertagesstätte. Zum anderen war das Gemeindefest mit diesem Gottesdienst nur wenige Wochen nach dem Beginn des neuen Kindergartenjahres terminiert, so daß sich auch alle neuen und alten Kinder und Eltern noch nicht so gut kannten.
Die Hauptfreude der Vorbereitung für diesen Familiengottesdienst lag bei den Erzieherinnen und den Kindern unserer Kindertagesstätte, die das Spielstück »Fremde werden Freunde« einstudiert und die dazu benötigten Requisiten (Tücher; Karton-Mauersteine etc.) hergestellt haben.
Wie bei anderen Familiengottesdiensten auch, ziehen die Kinder nach dem Eingangsteil des Gottesdienstes in die Kirche ein. Dabei winken sie der versammelten Gottesdienstgemeinde, gleichsam als Willkommensgruß, mit bunten, zuvor gebastelten Stofftüchern zu und stellen sich dann mit einem Lied vor.

2. Ablauf des Gottesdienstes

- Wir finden uns in Gottes Namen zusammen
  - Wir werden begrüßt
  - Wir singen ein Lied
  - Wir beten
  - Einzug und Lied der Kinder
- Wir hören Gottes Botschaft
  - Wir hören die Geschichte von Zachäus
  - Wir singen ein Lied

- Wir lassen das Gehörte nachwirken
  - Wir sehen ein Spiel zu Zachäus
  - Wir denken über Gottes Wort nach
  - Wir singen ein Lied
- Wir lassen uns von Gott senden
  - Wir bringen unsere Bitten vor Gott
  - Wir hören ein Lied des Gospelchors
  - Wir beten das Vater Unser
  - Wir singen ein Lied
  - Wir geben uns ein Zeichen
  - Wir lassen uns senden und segnen

3. Durchführung

---

1. Wir finden uns in Gottes Namen zusammen

1.1 Wir werden begrüßt

Einen guten Morgen, einen gesegneten Gottesdienst und einen schönen Tag – das wünsche ich euch, liebe Kinder, und Ihnen, liebe Erwachsene. Fühlt euch alle herzlich willkommen und eingeladen: Alte und Junge, Fröhliche und Traurige, Suchende und Zweifelnde, Familien und Alleinstehende, alle, die ihr heute gekommen seid, um ein Fest zu feiern.
Dieser Familiengottesdienst am Beginn unseres Festes steht unter der Überschrift »Wenn Fremde zu Freunden werden, dann fängt das Leben an zu blühen«. Und viele haben an der Vorbereitung dieses Gottesdienstes mitgewirkt: die Kinder und die Erzieherinnen der Kindertagesstätte, der Kindergottesdienst-Helferkreis, der Gospelchor und unsere Band, die schon viele Gottesdienste musikalisch begleitet hat. Allen Beteiligten ein herzliches Dankeschön und Ihnen, liebe Gemeinde, viel Freude beim Mitfeiern, Mitsingen und Mitgestalten dieses Gottesdienstes.
Möge unser Zusammensein im Namen Gottes mit dazu beitragen, daß aus Fremden Freunde, aus Zaungästen Gäste und aus Menschen Mit-Menschen werden. Gott segne uns diesen Gottesdienst und den ganzen weiteren Verlauf unseres Gemeindefestes.

1.2 Wir singen das Lied: »Kommt zusammen«

Text und Melodie: © Jürgen Gauer

2. Töne klingen, laßt uns singen,
heute am Gemeindefest.
Keiner bleibt heut' allein,
laßt uns alle fröhlich sein.

3. Kinderlachen, Spiele machen,
heute am Gemeindefest.
Keiner bleibt heut' allein,
kommt zusammen, groß und klein.

1.3 Wir beten

(Das Gebet wird von einigen Kindergottesdienst-Helfern gesprochen.)

I. Herr, unser Gott.
Du siehst uns hier als deine Gemeinde versammelt,
in deinem Namen zusammengekommen.
Wir sind hier, um am Beginn unseres Festes dein Wort zu hören,
um gemeinsam zu singen und zu beten,
um neu zu begreifen, was deine frohe Botschaft uns sagen will.

II. Herr, wir bitten dich:
Laß uns dicht zusammenrücken im Glauben.
Erfülle unsere Herzen mit Liebe und Hoffnung.
Rüste uns aus mit der Kraft, für andere Gutes zu tun und Gutes zu denken.
Lenke unsere Schritte und unsere Gespräche aufeinander zu
und schenke uns Gelegenheiten, die das Leben zum Blühen bringen.

III. Herr, unser Gott.
Sei Du uns Licht in aller Dunkelheit, Kraft in aller Ohnmacht,
Quelle in aller Müdigkeit und Brot in aller Not.

Zeige uns, was es heißt, Dich und die Menschen zu lieben,
und laß uns miteinander Wege finden, die dem Frieden dienen.

IV. Herr, laß uns an diesem Fest heute zusammenfinden als Deine Gemeinde.
Schenke uns gute Begegnungen und Gespräche,
neue Erfahrungen untereinander und neue Ideen füreinander.
Sei Du bei uns mit Deinem Segen.
Amen.

1.4 Einzug und Lied der Kinder

(Zu Klängen der Band ziehen die Kinder durch den Mittelgang in die Kirche ein, während sie mit ihren selbstbedruckten Stofftüchern den Gottesdienstbesuchern zuwinken. Zusammen mit den Erzieherinnen stellen sich die Kinder dann der Gemeinde mit dem Lied »Wir grüßen alle Leute« vor.)

Lied: »Gott, der Herr, lädt uns ein« Text und Melodie: © Jürgen Gauer

2. Wir feiern heute wieder,
halle-, halle-luja.
Und singen frohe Lieder,
halle-, halle-luja.
Refrain:
Gott, der Herr, lädt uns ein,
drum laßt uns alle fröhlich sein.
Gott, der Herr, lädt uns ein,
drum freut' euch alle,
groß und klein.

3. Wir heißen euch willkommen,
halle-, halle-luja.
Schön, daß ihr seid gekommen,
halle-, halle-luja.
Refrain:
Gott, der Herr, lädt uns ein,
drum laßt uns alle fröhlich sein.
Gott, der Herr, lädt uns ein,
drum freut' euch alle,
groß und klein.

2. Wir hören Gottes Botschaft

2.1 Wir hören die Geschichte von Zachäus

(Die biblische Geschichte von Zachäus, die den entsprechenden Dias von Kees de Kort folgt, habe ich im Hinblick auf das Alter der Kinder mit ganz einfachen Worten und kurzen Sätzen nacherzählt.)

Dia 1: Eines Tages kommt Jesus in die Stadt Jericho. Hier lebt ein reicher Mann. Er heißt Zachäus. Aber keiner in der Stadt kann Zachäus leiden. Keiner ist mit ihm befreundet. Keiner grüßt ihn. Keiner spricht mit ihm. Keiner lädt ihn ein. Im Gegenteil: Die Leute gucken weg, wenn Zachäus ihnen begegnet. Hinter vorgehaltener Hand tuscheln sie über ihn. Manche rufen sogar: »Zachäus, du bist ein Dieb! Ein Betrüger!«

Dia 2: Zachäus ist ein Zöllner. Er sitzt in dem Zollhaus, nahe bei dem großen Stadttor. Wir sehen: Hier kommen Händler in die Stadt. Sie wollen ihre Waren, Obst, Gewürze, Stoffe und vieles andere mehr, auf dem Markt verkaufen. Dafür müssen sie Geld bezahlen oder, wie man auch sagt, »Zoll«. Und Zachäus – der nimmt den Händlern jedesmal zuviel Geld ab; viel mehr, als er eigentlich darf. Darum kann ihn niemand leiden.

Dia 3: Heute ist ein ganz besonderer Tag. Jesus kommt nach Jericho. Und die Leute strömen zusammen. Sie alle wollen Jesus sehen. Sie wollen ihn predigen hören über Gott und über die Liebe. Auch Zachäus hört, daß Jesus in der Stadt ist. Er will ihn unbedingt sehen.

Dia 4: Aber Zachäus ist klein. Die vielen Menschen stehen ihm im Weg, nehmen ihm die Sicht. Doch da kommt ihm eine Idee. Er sieht einen Baum am Wegesrand und läuft darauf zu.

Dia 5: Ganz schnell klettert er in die Baumkrone hinauf. Von hier kann er die Straße bestens überblicken. Von hier kann er Jesus gut sehen, wenn er vorbeigeht.

Dia 6: Und da kommt Jesus auch schon. Er geht geradewegs auf den Baum zu, in dem Zachäus sitzt. Jesus schaut nach oben. Und dann sagt er ganz freundlich: »He, du. Du bist doch der Zachäus. Komm schnell vom Baum herunter, denn ich möchte dich in deinem Haus besuchen.«

Dia 7: Zachäus schaut ganz verwundert. Er glaubt, nicht richtig gehört zu haben. Denn bisher hat ihn noch nie jemand angesprochen. Bisher hat ihn noch nie jemand in seinem Haus besuchen wollen. Und so schnell er kann, klettert er vom Baum herunter.

Dia 8: Voller Freude führt Zachäus Jesus zu seinem Haus und sagt: »Jesus, ich freue mich, daß du mein Gast sein willst. Ich heiße dich herzlich willkommen. Tritt ein.«

Dia 9: Dann bittet er Jesus zu Tisch. Er bewirtet ihn mit köstlichen Speisen und edlem Wein. Das beste, was er anzubieten hat, läßt er für Jesus bringen. So sehr freut er sich über seinen Besuch.

Dia 10: Draußen vor dem Haus, da stehen die Leute von Jericho. Sie haben das alles gesehen. Sie sind empört. Sie sind wütend. Sie schimpfen laut und sagen: »Zachäus ist ein ganz gemeiner Betrüger. Er nimmt den Menschen viel zu viel Geld ab. Wie kann Jesus nur bei ihm einkehren?!«

Dia 11: Vor lauter Wut hören die Menschen gar nicht, was Zachäus zu Jesus spricht. Er sagt: »Jesus, ich habe vielen Menschen Unrecht getan und sie betrogen. Aber ich will mich ändern. Ich will in Zukunft alles, was ich besitze, mit den Armen teilen. Und ich will all denen, denen ich zuviel Geld abgeknöpft habe, alles wieder zurückgeben. Ich verspreche es dir, Jesus.«

Dia 12: Da sagt Jesus: »Ich freue mich darüber, Zachäus. Ich freue mich, daß du ein neues Leben anfangen willst. Du merkst ja: Es ist viel schöner, wenn die Menschen sich mögen. Wenn sie sich verstehen. Wenn sie Gutes füreinander tun und aneinander denken. Ja, Zachäus, wenn Menschen Freunde werden, dann freut sich auch Gott, und das Leben fängt an zu blühen.«

2.2 Wir singen das Lied: »Lädt einer den andern ein«

Text: Rolf Krenzer / Melodie: Reinhard Horn
aus: CD / MC / Heft »Fremde werden Freunde«

2. Gibt einer dem andern
ab, von dem, was er hat,
wird jeder am Ende satt.

3. Nimmt einer den andern,
einer den andern an,
dann ist schon ein Schritt getan,

4. von einem zum andern,
einem zum andern, der
dann weiter und weiter geht,

5. bis einer den andern,
einer den andern dann
erkennt und vielleicht versteht.

3. Wir lassen das Gehörte nachwirken

3.1 Wir sehen ein Spiel zu Zachäus

(Die Idee zu dem Spielstück stammt aus dem Kindergarten »Seifriedsburg« in Gmünden am Main. Abgedruckt ist es in einer Bearbeitung von Rolf Krenzer und der Gruppe »Kontakte« in dem Büchlein ›Fremde werden Freunde‹, das im Kontakte Musikverlag (© Kontakte Musikverlag Ute Horn, Lippstadt) erschienen ist. Das Spielstück eignet sich hervorragend für Kinder, da sie selbst keine Textpartien übernehmen müssen, sondern das Gesprochene pantomimisch umsetzen können. Der Text wird von zwei Erzieherinnen gesprochen. Die Gottesdienstgemeinde ist durch das Lied »Eine kleine Seifenblase« mit in das Spielgeschehen einbezogen. Den Kindern hat die Vorbereitung und natürlich auch die Darbietung des Stückes sehr viel Freude gemacht. Ein langer, spontaner Applaus der Gottesdienstgemeinde war der Dank.

Für das Spiel werden benötigt: 2 Sprecherinnen, die den Text vortragen, und viele Kinder. Desweiteren: blaue Tücher für einen Teil der Kinder; gelbe Tücher für den zweiten Teil; schwarze Tücher für die Kinder, die die Mauer darstellen, und grüne Tücher später für alle. Dann braucht man noch Kartons, die die Mauersteine symbolisieren, und mehrere Blasröhrchen mit Laugenwasser für Seifenblasen.
Die Kinder gestalten den Text, der von den beiden Sprecherinnen vorgetragen wird, pantomimisch. Die Zuschauer werden zu Beginn gebeten, auf ihrem Platz mit den Füßen das Geräusch des Marschierens nachzuahmen. In dieses Geräusch hinein spricht die erste Sprecherin:)

1. Sprecherin:
Ich will euch von Gelbland erzählen. Viele Menschen wohnen dort. Sie unterscheiden sich nicht von dir und mir. Doch, halt! In einem einzigen Punkt unterscheiden sie sich: Sie tragen alle gelbe Kleider. Schließlich leben sie ja in Gelbland. Ich könnte euch noch viel mehr von Gelbland erzählen. Wie schön seine Berge und Wälder sind, wie kühl seine Seen ... Doch in Gelbland ist Krieg. Die Menschen haben Angst. Sie hungern, sie frieren. Viele werden verfolgt.

2. Sprecherin:
Da gibt es auch noch Blauland. Ihr könnt die Blauländer gut erkennen, denn sie tragen alle blaue Kleider. Die Menschen in Blauland leben im Frieden. Da flüchten die Menschen aus Gelbland nach Blauland. Hier dürfen sie bleiben. Doch in Blauland sind die Gelbländer Fremde.
Ihre Sprache, ihre Lieder, ihre Tänze, ihr Essen, ihre Kleidung: Alles an ihnen ist fremd.

1. Sprecherin:
Bald gibt es in Blauland so viele Fremde, daß es den Blauländern zu viel wird.

2. Sprecherin:
So bauen sie eine große schwarze Mauer mitten in Blauland auf. Eine Mauer, die um alle Fremden führt und sie einkreist. Manchmal rufen die Blauländer über die Mauer hinüber: schlimme Wörter und Anschuldigungen: »Ihr faulen gelben Tanzaffen« oder »Ihr Gelbstinker, haut ab!«
Einmal werfen sie sogar schwere Steine hinüber. Sie hören jemand hinter der Mauer weinen. Das ist ihnen recht so.

1. Sprecherin:
Jetzt bleiben die Gelbländer in ihren Häusern und trauen sich nicht mehr heraus. Sie haben wieder Angst. Es ist wie im Krieg.

2. Sprecherin:
Doch eines Tages fängt ein Kind in Blauland damit an, eine bunte Seifenblase nach der anderen in die Luft zu blasen. Viele machen es ihm nach,

und bald fliegen wunderschöne bunte Seifenblasen durch die Luft. Sie schillern in allen Farben.

Lied: »Eine kleine Seifenblase«

Text: Heide Egert, Anita Hütter, Rolf Krenzer
Melodie: Reinhard Horn
aus: CD / MC / Heft »Fremde werden Freunde«

2. Sprecherin:
Die Seifenblasen fliegen hoch und höher und hoch über die große schwarze Mauer. Sie fliegen hinüber zur anderen Seite.

1. Sprecherin:
Da wagen sich die Kinder hinter der Mauer aus ihren Häusern. Zuerst ein paar, und dann immer mehr. Die Angst ist vergessen.

2. Sprecherin:
So fangen sie auch an und schicken Seifenblasen über die Mauer. Sie denken: »Wenn wir Seifenblasen wären, könnten wir jetzt über die große schwarze Mauer schauen. Wir könnten einfach über die große schwarze Mauer hinwegfliegen!«

Lied: »Eine kleine Seifenblase«

1. Sprecherin:
Wie freuen sich die Kinder in Blauland, als die ersten Seifenblasen auch zu ihnen über die Mauer kommen.
2. Sprecherin:
Sie schauen lange den Seifenblasen nach und schicken bunte Grüße über die schwarze Mauer.

Lied: »Eine kleine Seifenblase«

1. Sprecherin:
Wenn die Kinder richtig hinschauen, dann sehen sie, daß sich die Seifenblasen über der Mauer begrüßen und wie *Freunde* leicht und fröhlich hinter der Mauer verschwinden.
2. Sprecherin:
Zu zweit sehen sie noch viel bunter und schöner aus. Sie schillern in allen Farben, schöner als je zuvor.
1. Sprecherin:
Jede Seifenblase trägt einen wunderbaren Gedanken über die große schwarze Mauer. Sie zeigen diesen Gedanken allen so deutlich, daß es auch die letzten begreifen: So können aus *Fremden Freunde* werden!
2. Sprecherin:
Da laufen die Blauländer auf die schwarze Mauer zu, die sie selbst vor einiger Zeit aufgerichtet haben. Da gibt die Mauer fast von selbst nach und läßt sich von ihnen zertrümmern und davontragen.
1. Sprecherin:
Schon gehen die Blauländer auf die Gelbländer zu, Gelbländer geben Blauländern die Hände, sie fassen sich an, blasen schillernde Seifenblasen hoch in den Himmel hinein und tanzen miteinander zu dem neuen Lied.
2. Sprecherin:
Jetzt soll es keine Blauländer und Gelbländer mehr geben, sondern nur noch Menschen, die Freunde sind und wie Freunde zusammen leben. So ziehen die Blauländer ihre blauen Kleider aus, die Gelbländer ihre gelben. Und alle ziehen für heute grüne Kleider an. Grün ist die Farbe der Hoffnung.
1. Sprecherin:
Und morgen? Da kommt es nicht mehr auf die Kleider an. Da kann man alle Farben tragen. Dann gibt es keine Menschen, die sich nach Farben oder anderen Dingen sortieren lassen.

2. Sprecherin:
Jetzt gibt es nur noch viele Leute, die hier zusammen wohnen. Jetzt sind aus *Fremden Freunde* geworden.

Lied: »Kleine bunte Seifenblase«

Text: Rolf Krenzer
Melodie: Reinhard Horn
aus: CD / MC / Heft »Fremde werden Freunde«

2. Zart wie eine Seifenblase
fängt die Freundschaft an.
Paßt gut auf!
Gebt gut acht,
daß sie wächst und dann ...
Paßt gut auf,
gebt gut acht!
nicht mehr zerbrechen kann.

3. Schöner noch als Seifenblasen
ist es, du wirst sehn:
Paß gut auf!
Gib gut acht,
wenn wir uns verstehn!
Paß gut auf,
gib gut acht!
und zusammen gehen.

(Während die Gemeinde das obige Lied singt, pusten einige Kinder Seifenblasen in den Gemeindesaal; andere Kinder tanzen zwischen den Seifenblasen umher.)

3.2 Wir denken über Gottes Wort nach

Liebe Gemeinde! Das Spielstück hat uns gezeigt: Wenn Fremde zu Freunden werden, dann fängt das Leben an zu blühen. Dann wird das Leben schön und facettenreich und vielfarbig. Dann blüht das Zusammen-Leben förmlich auf, dann bekommt es viele neue Triebe und Knospen und Blüten.

Wenn Fremde zu Freunden werden, dann wird aus Einfarbigkeit Buntheit. Dann fallen Mauern, und man kann sich sehen, sich sprechen, miteinander tanzen und singen. Dann bleibt gelb nicht gelb und blau nicht blau, sondern sie mischen sich zu grün, nehmen an die Farbe der Hoffnung. Der Hoffnung darauf, daß Miteinander besser ist als Nebeneinander, daß Freundsein schöner ist als Feindsein, daß Vielfalt besser ist als »Einfalt«.

Wenn Fremde, wie im Spielstück der Kinder, zu Freunden werden, dann gehen Menschen aufeinander zu, dann ist Verschiedenartigkeit Bereicherung und Vielstimmigkeit Belebung.

Wenn Menschen zu Freunden werden, dann fängt das Leben an zu blühen. Das hat in unserer biblischen Geschichte auch Zachäus erfahren. Erfahren dadurch, daß Jesus ihm Freundschaft anbot, bei ihm einkehrte, mit ihm sprach und freundlich mit ihm umging. Da hat Zachäus gespürt, wie schön es ist, wenn Menschen sich verstehen, wenn sie aufeinander zugehen, wenn sie miteinander Schritte ins Leben wagen. Und das hat dann auch sein Leben verändert, bereichert und aufblühen lassen. Zachäus hat erkannt: Es ist schön, wenn ich mein Leben mit anderen teilen kann. Es ist schön, wenn ich mich mitteilen kann. Es ist schön, wenn ich von meinem Überfluß etwas verteilen kann.

Liebe Gemeinde! Wenn Menschen zu Freunden werden, dann fängt das Leben an zu blühen. So entstand das Motto dieses Gottesdienstes. Schön, wenn es auch zum Motto dieses ganzen Tages würde und auch darüber hinaus noch nachwirken kann. Ja, ich wünsche uns allen, daß es heute zu vielen guten Begegnungen und Gesprächen und Spielen kommen kann; daß Freude sich ausbreitet und Fröhlichkeit, die ansteckt. Ich wünsche uns, daß dieses Gemeindefest dazu beitragen kann, daß wir uns besser kennen und verstehen lernen und daß wir vielleicht auch Neues und Überraschendes voneinander wahrnehmen. Ich wünsche mir, daß wir heute spüren, daß Leben dort zu blühen beginnt, wo wir es im Sinne Jesu gestalten, das heißt; wo wir verstehen, daß ich eigentlich Mensch erst als Mit-Mensch bin. Amen.

3.3 Wir singen ein Lied: »Unser Leben sei ein Fest«

(Fundort: Wenn du singst, sing nicht allein; Düsseldorf 1990, Nr. 192)

4. Wir lassen uns von Gott senden

4.1 Wir bringen unsere Bitten vor Gott

(Dieses Gebet wird von Mitgliedern des Kindergottesdienst-Helferkreises gesprochen.)

I. Herr, unser Gott, wir bitten Dich:
Gieße aus Deine Gnade
– über Kinder und Erwachsene,
– über Traurige und Fröhliche,
– über einheimische und ausländische Mitbürger,
damit Menschen zu Freunden werden.

II. Gieße aus Deine Liebe
– in die Herzen der Menschen,
– in die Gedanken der Menschen,
– in die Gespräche der Menschen;
damit wir es lernen, menschlich miteinander umzugehen.

III. Gieße aus Deinen Frieden
– über Kleine und Große,
– über Glaubende und Zweifelnde,
– über Zufriedene und Unzufriedene,
damit das Leben, das Zusammen-Leben von Menschen blühen kann.

IV. Gieße aus Deine Hoffnung
– in alles Gelingen und alles Versagen von Menschen,
– in alle Tränen und Trostlosigkeiten,
– in alle Winkel von Not und Tod,
damit wir unser Leben nicht hoffnungslos verbringen müssen.

V. Gieße aus Deinen Segen
– in uns, die wir hier als Gemeinde versammelt sind,
– in unsere Herzen und Sinne,
– in unser Tun und Reden,
damit wir als von dir Gesegnete zum Segen für andere werden. Amen.

4.2 Wir hören ein Lied des Gospelchores

4.3 Wir beten das Vater Unser

4.4 Wir singen das Lied: »Ich schenk dir einen Sonnenstrahl«

Text: Rolf Krenzer
Melodie: Detlev Jöcker
aus: Buch, CD und MC »Elefantis Liederwiese«

2. Ich schenk dir einen
   Sonnenstrahl,
   dann spürt es jedermann:
   Ein Sonnenstrahl steckt
   tausendmal
   die andern alle an. (Wdh.)

3. Ich schenk dir einen
   Sonnenstrahl,
   damit du daran denkst,
   daß du mir diesen Sonnenstrahl,
   wenn ich ihn brauche,
   schenkst. (Wdh.)

4.5 Wir geben uns ein Zeichen

(An alle Liedblätter war vor Beginn des Gottesdienstes ein kleiner gelber Wollfaden getuckert worden.)

Liebe Kinder! Liebe Erwachsene!

Gerade haben wir miteinander gesungen: »Ich schenk dir einen Sonnenstrahl«. Und das wollen wir nun auch tun. Dazu findet ihr an eurem Liedblatt befestigt einen kleinen gelben Faden, sozusagen einen kleinen Sonnenstrahl.

Ich möchte euch nun bitten, diesen Sonnenstrahl vom Liedblatt abzuziehen und ihn eurem rechten Nachbarn um das Handgelenk zu binden – als Zeichen der Verbundenheit, der Gemeinschaft, des Miteinanders.
Möge dieser kleine Sonnenstrahl auch symbolisch für unser Gemeindefest stehen, daß uns nicht nur wettermäßig die Sonne an diesem Sonntag scheinen möge, sondern daß wir heute auch viele kleine »Sonnenstrahlerfahrungen« machen beim gemeinsamen Spielen, Singen, Essen und Feiern.
Während unsere Band nun noch einmal das Sonnenstrahl-Lied spielt, wollen wir uns gegenseitig einen Sonnenstrahl schenken.

4.6 Wir lassen uns senden und segnen

Nun geht in diesen Tag mit dem Segen unseres Gottes.
ER lasse uns suchen, was uns verbindet,
damit Freundschaften entstehen und Leben zu blühen beginnt.
ER lasse uns finden, was uns fremd war,
damit wir einander besser verstehen lernen.
ER lasse all unser Beten und Singen, unser Spielen und Feiern in seinem Frieden geschehen.
Der Herr segne uns.

4. Hinweise zur Vorbereitung des Gottesdienstes

- **Folgende Utensilien müssen besorgt werden:**
  Diaprojektor, Leinwand und die Dias von Kees de Kort zur Zachäusgeschichte (in jeder kirchlichen Mediothek vorhanden). Für das Spielstück müssen Kartons und gelbe, blaue, schwarze und grüne Tücher besorgt werden sowie mehrere Blasröhrchen mit Flüssigkeit für Seifenblasen (s. Spielstück). Kleine gelbe Wollfäden für die Liedblätter (»Sonnenstrahlen«).

- **Folgende Dinge müssen hergestellt werden:**
  Bunte bedruckte Tücher, mit denen die Kinder bei ihrem Einzug der Gemeinde zuwinken. An die Liedblätter sind kleine gelbe Fäden zu tuckern. Die entsprechenden Tücher für das Spielstück sind herzustellen.

C. Menschenkinder auf Gottes Erde
(Liebe zu Geschöpf und Schöpfung)

Teilen wie der gute Martin

1. Hinweise zur Feier des Gottesdienstes

Der Gottesdienst am Martinstag ist auch in unserer evangelischen Einrichtung eine ganz selbstverständliche und feste liturgische Größe im Kreislauf des Kindergartenjahres. Dabei geht es nicht um eine wie auch immer geartete Heiligenglorifizierung, sondern darum, daß an Martins Lebenszeugnis eindrücklich ablesbar ist, was Nachfolge, was Christusnachfolge in Konkretion meint. Gerade das Teilen seines Mantels mit dem frierenden Bettler, das beeindruckt Kinder nachhaltig bis heute, das ist für sie gefühlsmäßig ganz unmittelbar und elementar nachvollziehbar. – Und ich denke, für Kinder gibt es wohl kaum einen »begreifbareren« Glaubenszeugen, wohl kaum ein ansprechenderes »Samariter-Vorbild« als Martin, um zu erfahren, daß das Wahrnehmen von Not, das Teilhaben an Not und das Helfen in Not schlechthin zu den Wesensmerkmalen christusgemäßen Lebens gehören.
In unserer Kindertagesstätte ist der Gottesdienst am Martinstag eingewoben in ein Netz unterschiedlichster Aktivitäten. Dazu gehören, neben dem Basteln von Laternen, u.a. ein gemeinsames Kakaotrinken in den einzelnen Gruppen (mit selbstgebackenen Martinswecken); der Laternenumzug mit Eltern, Großeltern, Geschwistern und Gemeindegliedern von der Kirche zur Kindertagesstätte und das sich daran anschließende gemütliche Beisammensein mit allen Kindern und Erwachsenen bei heißen Getränken, Martinsleckereien und unserem Basar zugunsten eines Kinderhilfsprojekts in der sog. Dritten Welt.
Am Gottesdienst selbst waren Kinder aller drei Gruppen beteiligt; sei es durch die Gestaltung der Begrüßung, durch die Darbietung des Martinsspiels oder durch die Mitwirkung beim Fürbittengebet.

2. Ablauf des Gottesdienstes

- Wir finden uns in Gottes Namen zusammen
  - Wir werden begrüßt
  - Wir singen ein Lied
  - Wir beten
  - Wir singen ein Lied
  - Wir stimmen uns auf das Thema ein

- Wir hören die Geschichte von Martin
  - Wir singen ein Lied
  - Die Geschichte von Martin und dem Bettler in Wort und Lied
  - Wir singen ein Lied
- Wir lassen das Gehörte nachwirken
  - Wir erleben ein Martinsspiel
  - Wir singen ein Lied
  - Was wir von Martin lernen können
  - Wir singen ein Lied
- Wir lassen uns von Gott senden
  - Wir beten
  - Wir werden gesegnet

3. Durchführung

---

1. Wir finden uns in Gottes Namen zusammen

1.1 Wir werden begrüßt

(Vor dem Altar steht ein kleiner Tisch. Auf diesen Tisch stellen die Kinder, die im folgenden die Gemeinde begrüßen, ihre Gegenstände ab.)

1. Kind: Herzlich willkommen, liebe Leute,
zu unserm Gottesdienste heute.
Gott selber lädt uns alle ein,
drum wollen wir jetzt fröhlich sein.

2. Kind: Ich mach' zum Gottesdienste heute
zum Anfang für euch ein Geläute.
(mehrmaliges Anschlagen einer Triangel)

3. Kind: Und diese Blumen hier, ganz frisch,
die stell' ich auf den Feiertisch.
(Das Kind stellt Blumen auf den Tisch.)

4. Kind: Auch ich begrüße jedermann
und zünde diese Kerze an.
Sie erinnert uns an Jesus Christ,
der Licht für unser Leben ist.
(Das Kind stellt eine Kerze auf den Tisch.)

5. Kind: Doch nun soll unser Lied erklingen,
wir wollen es für Jesus singen.
Denn er liebt alle, groß und klein,
er will auch unter uns jetzt sein.

1.2 Wir singen das Lied: »Wir danken dir, Herr Jesu Christ« (Str. 1)

Text und Melodie: © Jürgen Gauer

1.3 Wir beten

(Wir stehen zum Gebet auf. Die Kinder werden gebeten, die jeweiligen Gesten der Erzieherinnen zu den Gebetsworten des Pfarrers zu wiederholen. Falls die Kinder so eine Gebetsgebärdensprache noch nicht kennen, empfiehlt es sich, jeden Gebetssatz noch einmal mit Worten und Gesten zu wiederholen.)

Lieber Vater im Himmel.

(Wir strecken beide Hände, wie eine Schale geöffnet, nach oben.)

Du hast jeden von uns ganz fest in dein Herz geschlossen.

(Wir legen die Hände über Kreuz ineinander und halten sie nach vorn.)

Dafür danken wir Dir.

(Wir falten die Hände.)

Sei Du nun bei uns, wenn wir alle miteinander Gottesdienst feiern.

(Wir zeigen mit einer Hand auf andere Kinder und Erwachsene.)

Laß uns dein Wort zu Herzen nehmen.

(Wir legen die Hände auf unser Herz.)

Damit wir nicht vergessen, anderen zu helfen.

(Wir strecken die Hände geöffnet nach vorne.)

So möge es geschehen.

(Wir falten die Hände.)

1.4 Wir singen das Lied: »Wir danken dir, Herr Jesu Christ« (Str. 2+3)

2. Wir danken dir, Herr Jesu Christ,
   daß du für immer bei uns bist.

3. Wir danken dir, Herr Jesu Christ,
   daß du ein Freund der Kinder bist.

1.5 Wir stimmen uns auf das Thema ein

Vor Beginn des Gottesdienstes haben die Erzieherinnen vor dem (Altar-) Tisch drei Gegenstände (Schwert, Mantel, Bischofsmütze) unter ein großes Tuch gelegt. Die eingangs dazu von den Kindern gestellten Fragen, wie z.B. »Warum liegt das Tuch da? Was ist denn darunter?« wurden bisher ignoriert.
Erst jetzt geht eine Erzieherin auf das Tuch ein und bittet nacheinander drei Kinder, jeweils einen Gegenstand unter dem Tuch hervorzuholen. Danach führt sie mit einer Kleinfragenkette (Was sind das für Gegenstände?, Welche Person fällt euch zu diesen Gegenständen ein? etc.) an die Person des Martin heran und sagt den Kindern, daß wir in diesem Gottesdienst hören wollen, was Martin Gutes getan hat.)

2. Wir hören die Geschichte von Martin

2.1 Wir singen das Lied: »Martin ist ein frommer Mann«

Volkslied aus Thüringen

1. Martin, Martin, Martin ist ein frommer Mann,
   zündet ihm die Lichter an, daß er's oben sehen kann,
   der viel Gutes hat getan!

2. Martin, Martin, Martin ist ein lieber Mann,
   stimmet ihm die Lieder an, daß er's droben hören kann,
   der viel Gutes hat getan.

2.2 Die Geschichte von Martin und dem Bettler in Wort und Lied

(Ein als römischer Legionär Verkleideter tritt auf. Er legt sich Mantel und Schwert um, die noch von der »thematischen Einstimmung« auf dem Boden liegen. Dann erzählt er als »Martin« den Kindern die sog. Mantelgeschichte. Dabei gewinnt die Erzählung sehr an Lebendigkeit, wenn an möglichst vielen Stellen das gesprochene Wort durch die entsprechende Gestik ergänzt wird.)
Guten Tag, Kinder! Sicher könnt ihr euch denken, wen ich mit diesen Sachen spiele *(Kinder antworten lassen.)*. Richtig. Ich bin Martin. Und meinen Beruf, den erratet ihr sicher auch ganz schnell *(Kinder antworten lassen.)*. Ja, ich war damals Soldat. Ich gehörte zur Reiterei des römischen Kaisers. Einige Jahre leistete ich meinen Dienst in einem Land, das man Gallien nannte. Und da passierte die Geschichte, die ich euch nun erzählen will:

Es war an einem Wintertag. Schneeflocken wirbelten durch die Luft. Ein eisiger, schneidender Wind wehte über das Land. Es herrschte eine klirrende Kälte. Ich sollte zur nächsten Stadt reiten, um dem Hauptmann dort einen Befehl zu überbringen. So ritt ich hinaus in die verschneite Landschaft. Gott sei Dank hatte ich ein gutes Pferd, das seinen Weg sicher fand, und einen dicken Mantel, der mich bei dem Ritt durch die Kälte einigermaßen wärmte. Bald sah ich in der Ferne die Lichter der Stadt. Ich freute mich schon auf eine geheizte Stube, um mich aufzuwärmen. Als ich gerade durch das Stadttor ritt, da war mir auf einmal, als hörte ich eine Stimme. Und tatsächlich, am Stadttor saß ein alter Mann, ein Bettler. Er hatte nur ein paar dünne, zerrissene Lumpen auf dem Leib. Vor Kälte zitterte er am ganzen Körper. Ich hielt mein Pferd an und hörte den Bettler mit schwacher Stimme rufen: »Habt Erbarmen. Helft mir gegen die Kälte. Sonst erfriere ich.«

In diesem Moment hatte ich nur einen Gedanken: Ich mußte diesem armen Mann helfen, sonst würde er sterben. Ich sprang vom Pferd. Nahm meinen warmen Mantel von der Schulter und teilte ihn mit dem Schwert in zwei Hälften. Die eine Hälfte behielt ich, die andere gab ich dem Bettler. Noch heute sehe ich das Strahlen in seinen Augen, als der Bettler sich in den warmen Mantelteil einwickelte und ganz leise zu mir sagte: »Danke, du hast mir das Leben gerettet.«

In der gleichen Nacht hatte ich einen Traum. In diesem Traum, da sah ich Jesus, und der sagte zu mir: »Martin, ich danke dir, daß du dem armen Bettler geholfen hast. Was du für ihn getan hast, das war gut. Und du sollst wissen: Gott freut sich darüber, wenn man Menschen hilft, die in Not sind.« Übrigens, als ich am nächsten Morgen erwachte, habe ich mich taufen lassen, weil ich ganz zu Jesus gehören wollte.

Wir singen an dieser Stelle das Lied:
»Ein Bettler saß im kalten Schnee« (Str. 1+2)

Der nachfolgende Text von Jakob Holl kann auf die Melodie des bekannten Martinsliedes »Sankt Martin, Sankt Martin, Sankt Martin ritt durch Schnee und Wind« gesungen werden. Dazu ist allerdings für die Rhythmik erforderlich, die ersten drei Silben der jeweiligen Strophe dreimal hintereinander zu singen (Bsp. 1. Strophe: »Ein Bettler, ein Bettler, ein Bettler saß im kalten Schnee ...«).

1. Ein Bettler saß im kalten Schnee,
dem tat das alte Herz so weh.
Sankt Martin, der vorüberritt,
gab ihm den halben Mantel mit.

2. Da dankte still der arme Mann
und sah ihn voller Freude an.
Sankt Martin zog des Weges fort,
und bald erfuhr er Gottes Wort.

(Während die Kinder das Lied »Ein Bettler saß im kalten Schnee« singen, zieht sich »Martin« um und trägt nun »Bischofstracht«.)
Wie ihr seht, Kinder: Ich bin längst kein Soldat mehr. Denn inzwischen, da haben mich die Leute in der Stadt Tours zu ihrem Bischof gewählt. Nun kümmere ich mich um die Menschen in dieser Gegend. Ich feiere mit ihnen Gottesdienste. Ich erzähle ihnen von Jesus Christus. Ich habe viele Kinder und Erwachsene getauft. Ich versuche, den Armen und Kranken zu helfen, Traurige zu trösten und den Menschen zu sagen, daß es gut ist, wenn man sich versteht und sich hilft.
Und vor allem eines, liebe Kinder, möchte ich euch sagen: Gott hat jeden von euch sehr lieb. Und Gott ist ganz glücklich, wenn ihr euch auch untereinander liebhabt und euch versteht. Und – Gott freut sich, wenn ihr euch helft. Wenn ihr euch vertragt. Wenn ihr gute Freunde seid. Wenn ihr Spielsachen und viele andere Dinge miteinander teilt. Ja, Gott freut sich, wenn ihr nicht nur an euch, sondern auch andere denkt. Und damit ihr das nicht vergeßt, möchte ich euch zum Schluß noch ein kleines Gedicht weitersagen. Und das geht so:

Martin war ein guter Mann,
an dem man heut' noch sehen kann:
daß es wichtig ist und gut,
wenn man Menschen helfen tut.
Denn hilfst du jemand in der Not,
dann freu'n sich zwei: der Mensch und Gott.

2.3 Wir singen das Lied: »Ein Bettler saß im kalten Schnee« (Str. 3)

Geschrieben steht: »Seid allen gut,
denn was ihr dem Geringsten tut,
das habt ihr mir, dem Herrn, geschenkt!«
Wohl dem, der wie Sankt Martin denkt.

3. Wir lassen das Gehörte nachwirken

3.1 Wir erleben ein Martinsspiel

(Das folgende kleine Martinsspiel wurde einstudiert und von einer Kindergruppe aufgeführt. Zwei ältere Kinder übernahmen die beiden »Hauptrollen«, die des Bettlers und die von Martin. Darüber hinaus können zwischen 10 und 20 Kinder als Laternenkinder und Liedsänger mitwirken. Geschrieben wurde dieses schöne Martinsspiel zum »Sankt Martins Lied«

von Schwester Ruthilde vom Kindergarten Herz Jesu in Duisburg-Meiderich; Quelle: S. 75 unten.
Noch ein kleiner Tip: In der 6. und 7. Strophe werden Brotstücke an die Kinder verteilt; es empfiehlt sich, bereits vorher einen kleinen Korb mit Brotstücken, gemäß der Anzahl der Kinder, vorzubereiten, damit das Verteilen nicht zu viel Zeit in Anspruch nimmt.)

Lied: »Sankt Martins Lied«

Text: Rolf Krenzer / Melodie: Peter Janssens
aus: Kommt alle und seid froh, 1982

2. Ihm ist so kalt. Er friert so sehr.
Wo kriegt er etwas Warmes her?
||: Er hört kein gutes Wort.
Und jeder schickt ihn fort. :||

3. Der Hunger tut dem Mann so weh,
und müde stapft er durch den Schnee.
||: Er hört kein gutes Wort.
Und jeder schickt ihn fort. :||

4. Da kommt daher ein Reitersmann,
der hält sogleich sein Pferd hier an.
||: Er sieht den Mann im Schnee
und fragt »Was tut dir weh?« :||

5. Er teilt den Mantel und das Brot
und hilft dem Mann in seiner Not.
||: Er hilft, so gut er kann.
Sankt Martin heißt der Mann. :||

6. Teilen wir unser Gut und Geld
mit allen Armen auf der Welt!
||: Wenn jeder etwas hat,
dann werden alle satt. :||

7. Denkst du, dafür bist du zu klein,
kannst du grad wie Sankt Martin sein!
||: Beim Teilen ist das so:
Wer gibt und nimmt, wird froh! :||

8. Zum Martinstag steckt jedermann
leuchtende Laternen an.
||: Vergiß den andern nicht,
drum brennt das kleine Licht. :||

Spielszenen zu jeder Strophe des Liedes »Sankt Martins Lied«

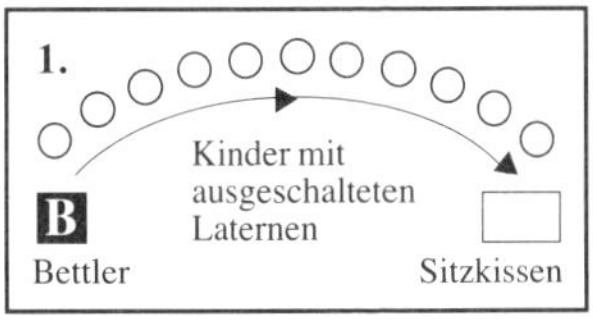

1. Der Bettler klopft bei jedem Kind an und wird mit einer abweisenden Bewegung fortgeschickt.

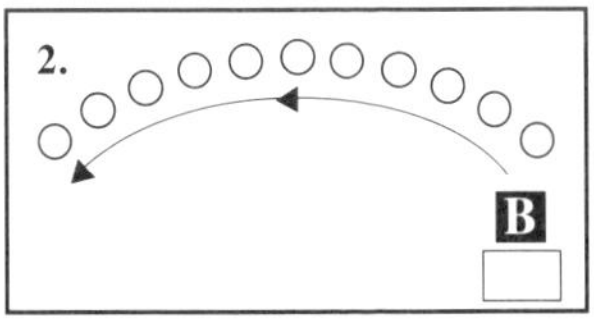

2. Der Bettler friert. Beim Refrain klopft er wieder an.

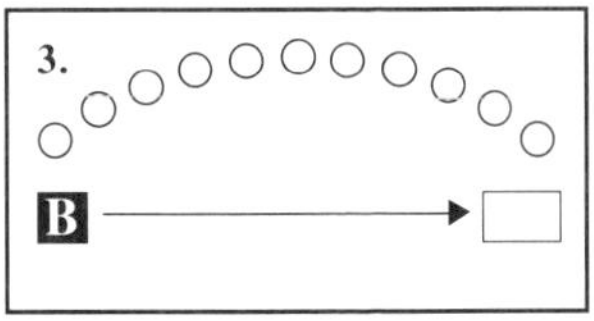

3. Der Bettler geht mit schweren Schritten zum Kissen.

Quelle: © Schwester Ruthilde (s.S. 74 oben), aus: »Das Leben und den Glauben feiern. Anregungen für den Kindergarten«, Heft 1: Sept.-Nov., Hg.: Bistum Essen, Seelsorgeamt, 1993

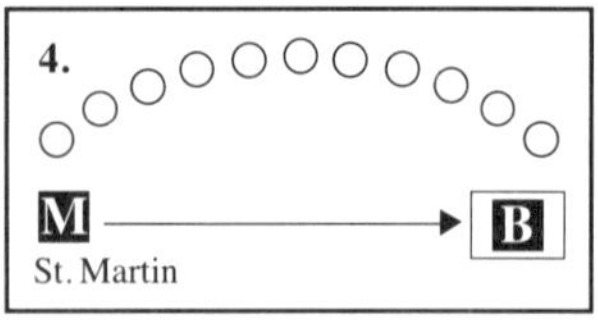

4. Martin »reitet« auf den Bettler zu und erblickt ihn.

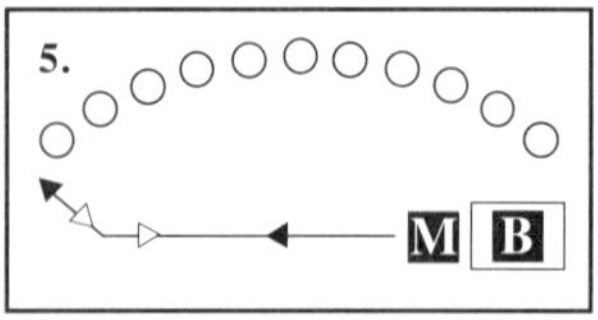

5. Martin teilt den vorbereiteten Mantel, reitet weg und kommt mit einem großen Brot wieder.

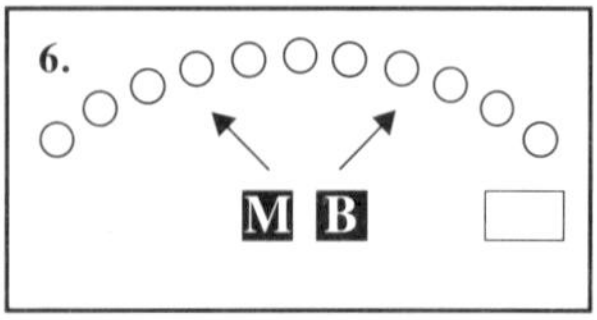

6. Martin und der Bettler teilen das Brot und verteilen einzelne Stücke an die Kinder. Dies könnte länger dauern und sich somit auch in die nächste Strophe hinziehen.

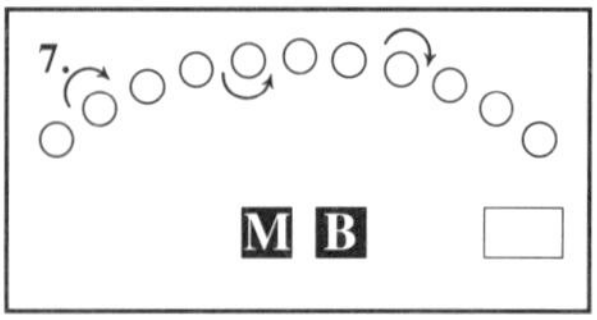

7. Kinder zeigen bei »DU« auf ihren Nachbarn, bei »Sankt Martin« auf diesen und drehen sich bei den letzten beiden Zeilen im Kreis.

8. Die Kinder zünden die Laternen an und halten diese ganz hoch.

3.2 Wir singen das Lied: »Sankt Martins Lied« (Str. 6)

(Während die Kinder, die das Martinsspiel aufgeführt haben, noch in der Schlußformation stehenbleiben (s. Spielanleitung zu Strophe 8), singen alle Kinder gemeinsam noch einmal die 6. Strophe des »Sankt Martin Liedes«.)

3.3 Was wir von Martin lernen können

(An dieser Stelle sollte den Kindern erklärt werden, daß es auch heute viele Menschen gibt, die in Not sind und die darauf warten, daß wir mit ihnen teilen. Als Konkretion habe ich ihnen dann ein wenig von dem

Schicksal des Mädchens Roseane erzählt. Roseane lebte mehrere Jahre als Straßenkind in der brasilianischen Stadt Recife. Inzwischen besucht sie dort das Kinderheim »Educandario Joanita Portella«, das von Ordensschwestern geleitet wird. Seit 1992 haben meine Frau und ich nun über die Kindernothilfe in Duisburg eine Patenschaft für Roseane übernommen und stehen in regelmäßigem Briefkontakt mit ihr und dem Kinderheim, das wir auch persönlich während einer Brasilienreise besucht haben. Ich habe den Kindern erzählt, daß Roseane durch das Geld, mit dem wir ihr jeden Monat helfen, in dem Kinderheim leben kann und dort auch eine gute schulische und berufliche Ausbildung erhält.

Alternativ kann man an dieser Stelle den Kindern andere Möglichkeiten der Hilfe und des Teilens aufzeigen. Ich erwähne an dieser Stelle gerne die Kindernothilfe in Duisburg (Tel. 02 03 / 7 78 90), die sehr viele Projekte für Kinder in der ganzen Welt unterstützt, und die drei »Martinsprojekte« für Kinder im Sudan, in Äthiopien und in Brasilien, die in der o.g. Misereor-Arbeitshilfe vorgestellt werden. Zu allen drei Projekten ist über die Misereor Telefonnummer (02 41 / 4 42 - 1 25) ausführliches Text- und Bildmaterial erhältlich.

An dieser Stelle möchte ich, zur Verwendung im Gottesdienst oder zum späteren Einsatz in den Kindergruppen, den nachfolgenden, leicht gekürzten Text aus der Misereor-Arbeitshilfe (St. Martin, eine Arbeitshilfe. © 1996, Misereor Medienproduktion und Vertriebsges. m.b.H., Aachen, S. 8) zum Martinsprojekt 3 »Wir helfen Straßenkindern in Brasilien« wiedergeben:)

»St. Martin hat mit dem armen Mann geteilt, als er ihm begegnete und sah, daß er Hilfe brauchte. Das ist schon lange her, aber immer noch denken wir an den heiligen Martin – weil er einfach half, wo es nötig war. Gerade heute, am Martinsfest, wollen wir deshalb gemeinsam versuchen, mit Kindern in der Dritten Welt zu teilen – so, wie es heute vielleicht St. Martin tun würde. *(Jetzt folgt der Hinweis auf das nachstehende Projekt für Straßenkinder in Brasilien.)*

Manuel ist ein Straßenkind. Er lebt auf der Straße, weil er kein Zuhause mehr hat. Jetzt muß Manuel auf dem Bürgersteig schlafen, und wenn er Glück hat, findet er einen Pappkarton, auf den er sich legen kann. Sein Essen muß er sich selbst verdienen; er arbeitet als Träger von Obstkisten auf dem Markt. Viele andere Kinder in den großen Städten in Brasilien leben so wie Manuel auf der Straße. Manche arbeiten als Schuhputzer oder verkaufen Kaugummis und Zigaretten, andere betteln. Und sie können nicht in die Schule gehen. Natürlich gibt es auch in Brasilien Menschen, die den Straßenkindern helfen wollen: Sie wollen für diese Kinder ein Haus einrichten, in dem sie etwas zu essen bekommen, sich waschen und zur Schule gehen können. Aber es fehlt Geld, denn es gibt sehr viele Straßenkinder. Wir wollen, zusammen mit euren Eltern, mit diesen Kindern teilen und dabei mithelfen, daß ein solches Haus für sie eingerichtet werden kann. *(Im Anschluß daran erkläre ich den Kindern, daß wir heute nach dem Laternenumzug Martinswecken und warme Getränke verkaufen und der Erlös für eines der o.g. oder für ein anderes Hilfsprojekt für Kinder bestimmt ist.)*

3.4 Wir singen das Lied: »Sankt Martins Lied« (Str. 6+7)

4. Wir lassen uns von Gott senden

4.1 Wir beten

(Das nachfolgende Gebet wird vom Pfarrer und einigen Kindern gesprochen. Die Kinder treten jeweils zu ihrer Gebetsbitte nach vorn und legen dann »ihren Gegenstand« auf den [Altar-] Tisch.)

Pfarrer: Lieber Vater im Himmel.
Wir haben heute die Geschichte von Martin gehört.
An Martin können wir sehen, daß es gut ist,
Menschen in Not zu helfen und mit ihnen zu teilen.
Auch wir haben so vieles,
was wir mit anderen teilen können, die Hilfe brauchen:

1. Kind: Wir können anderen Menschen von unserem *Brot* abgeben.

2. Kind: Wir können anderen Menschen *Geld* abgeben.

3. Kind: Wir können anderen Menschen von unseren *Anziehsachen* abgeben.

Pfarrer: Lieber Vater im Himmel.
Laß uns die Menschen, die in Not sind und die Hilfe brauchen, nicht vergessen.
Laß uns mit ihnen teilen.
Amen.

4.2 Wir werden gesegnet

Gott, unser Vater im Himmel, segne euch.
Er begleite euch.
Er beschütze euch.
Er lege seine Liebe um euch wie einen warmen Mantel.

(Danach treffen sich die Kinder mit ihren Eltern, Geschwistern und Gemeindegliedern vor der Kirche zum gemeinsamen Laternenumzug.)

4. Hinweise zur Vorbereitung des Gottesdienstes

- **Folgende Utensilien müssen besorgt werden:**

Eine Triangel, Blumen und eine Kerze für die Kinder, die zu diesem Gottesdienst begrüßt werden. Desweiteren benötigt man für die thematische Einstimmung zu Beginn ein Schwert (aus Plastik oder Holz), einen (Mantel-) Umhang, eine Bischofsmütze (z.B. von einer Nikolausverkleidung) und ein Tuch, das zunächst die vorgenannten Gegenstände bedeckt. Wenn ein Kind in die Rolle des Martin schlüpft, sind für die Verkleidung Teile einer römischen Soldatenuniform und ein »bischofsähnliches Outfit« (beides aus Kostümierungen zu Karneval oder Nikolaus) zu besorgen.
Für das Martinsspiel selbst benötigt man ein Brot und einen Korb mit vielen Brotstückchen (zum Verteilen an die Kinder); ein Sitzkissen (für den Bettler); Laternen mit Batterieleuchtstäben (gemäß der Anzahl der mitwirkenden Laternenkinder) und die entsprechende Kostümierung für die beiden Kinder, die den Martin bzw. den Bettler spielen.
Als letztes gilt es, noch für das Fürbittengebet Brot, Spielgeld und Textilien zu besorgen, die von den Kindern auf den (Altar-) Tisch gelegt werden.

- **Folgende Dinge müssen hergestellt bzw. vorbereitet werden:**

Im Gottesdienstraum wird zuvor der (Altar-) Tisch mit Decke, Kreuz, Vase etc. vorbereitet. Die Brote für das Martinsspiel können von den Kindern selbst gebacken werden.

5. Ein Blick zurück

Dieser Gottesdienst wurde bei uns an zwei aufeinanderfolgenden Jahren am Martinstag gefeiert. Im ersten Jahr haben wir den Gottesdienst genau nach dem obigen liturgischen Fahrplan gestaltet, wobei wir in unserer Nachbetrachtung ausführlich darüber reflektiert haben, ob nicht der Abschnitt 3.3 (= Was wir von Martin lernen können), trotz seines wichtigen Gegenwartsbezugs für die Kinder, den Gottesdienst zeitlich zu sehr gestreckt habe. – Wir haben uns dann entschlossen, im darauffolgenden Jahr den Abschnitt 3.3 erst nach dem Laternenumzug in die Kaffee- und Kuchenphase der jeweiligen Gruppen zu verlagern, was uns letztlich als die »bessere Lösung« erschien.

Unabhängig jedoch davon, welche Plazierung des Abschnitts 3.3 man favorisiert, ist es ganz wichtig, das Thema »Teilen mit anderen wie Martin« weiter im Umfeld des Kindergartens mit den Kindern und den Eltern zu verdichten (in den Gruppen, auf Elternabenden, bei Sommer- und Gemeindefesten, bei Basaren, bei Tagen der offenen Tür u.s.w.). Schön, wenn vielleicht durch solche Aktionen und Feiern eine Patenschaft des Kindergartens für ein Kind oder ein Kinderhilfsprojekt in der sog. Dritten Welt geerdet werden könnte.

Du hast uns deine Welt geschenkt

1. Hinweise zur Feier des Gottesdienstes

Wir haben diesen Gottesdienst mit den Kindern im Umfeld des Erntedankfestes gefeiert. Von daher lag es nahe, das Thema »Schöpfung« in den Mittelpunkt der gottesdienstlichen Feier zu stellen. Dabei war es uns bewußt, daß wir innerhalb dieses umfang- und facettenreichen Themenkomplexes nur einen Ausschnitt in diesem Gottesdienst zum Tragen bringen konnten. Drei Aspekte waren uns vor allem wichtig:

1. Wir wollen in diesem Gottesdienst den Kindern Gott als Schöpfergott vorstellen. Als den Gott, aus dessen Hand alles kommt. Als den Gott, der alles in seiner Hand hält. Als den Gott also, der schafft und erhält. Als den Gott, dessen Geschöpfe auch wir sind.
2. Wir wollen den Kindern nahebringen, daß wir umstellt sind von Gottes Schöpfungen. Daß wir umgeben sind von Um-Welt, von Pflanzen, Tieren, Luft, Wasser etc. Ja, daß wir Teil der Schöpfung des Schöpfers, Mit-Geschöpfe, Mit-Welt sind.
3. Wir wollen die Kinder sensibilisieren, aufmerksam für die Schöpfung des Schöpfers zu werden, sie wahrzunehmen, sich über sie zu freuen und Gott dafür zu danken, daß er uns als seine Ebenbilder in diese Welt gestellt hat. In diese Welt, in der und mit der und von der wir leben.

Es war nicht unsere Absicht, den Kindern in diesem Gottesdienst die Erschöpfung der Schöpfung vor Augen zu führen. Ihnen zu zeigen, an wie vielen Stellen und aus wie vielen Wunden diese Erde blutet und stöhnt. Das kann ein Gottesdienst auch für Kinder diesen Alters nicht leisten. Allerdings wird der Bereich »Schöpfungsverantwortung« ein wichtiger Aspekt sein, der in der Folge dieses Gottesdienstes in den Gruppen und Familien auf vielfältige Weise zum Tragen kommen wird (Beete anlegen, pflegen, ernten; Beschäftigung mit Knud, dem Umweltfreund aus dem Ökotopia Verlag, Münster etc.), damit die Kinder die Schöpfung nicht nur als Gabe Gottes für uns Menschen, sondern auch als Aufgabe an uns Menschen verstehen lernen.

Wir haben diesen Gottesdienst jeweils extra mit jeder Kindergartengruppe gefeiert, damit möglichst alle Kinder an vielen liturgischen Stellen (Einstimmung aufs Thema; Gestaltung des Schöpfungsbildes) beteiligt sein konnten. Zum anderen wäre es auch kaum möglich gewesen, so einen meditativen gottesdienstlichen Teil wie die Phantasiereise durch Gottes schöne Welt mit 65 Kindern zu gestalten.

2. Ablauf des Gottesdienstes

- Wir finden uns in Gottes Namen zusammen
  - Wir werden begrüßt
  - Wir singen
  - Wir stimmen uns auf das Thema ein
  - Wir beten
  - Wir singen
- Wir hören Gottes Botschaft
  - Wir hören und gestalten die biblische Schöpfungsgeschichte
- Wir lassen das Gehörte nachwirken
  - Wir machen eine Phantasiereise durch Gottes schöne Welt
  - Wir singen ein Lied
- Wir lassen uns von Gott senden
  - Wir bringen unseren Dank vor Gott
  - Wir singen ein Lied
  - Wir werden gesegnet

3. Durchführung

1. Wir finden uns in Gottes Namen zusammen

1.1 Wir werden begrüßt

(Wir sitzen auf vorher ausgelegten Matten in einem großen Kreis, so daß sich alle ansehen können. Dann werden die Kinder vom Pfarrer begrüßt.)
Einen schönen guten Morgen wünsche ich euch allen. Schön, daß wir jetzt alle miteinander Gottesdienst feiern. Daß wir gemeinsam singen und beten und eine wunderschöne, ja eine zauberhafte Geschichte aus der Bibel hören können. Ich jedenfalls freue mich auf diesen Gottesdienst. Ihr auch? – Dann laßt uns beginnen mit einer Strophe des Liedes »Du hast uns deine Welt geschenkt«.

1.2 Wir singen die 8. Strophe aus dem Lied: »Du hast uns deine Welt geschenkt«

Text: Rolf Krenzer
Melodie: Detlev Jöcker
aus: Buch, CD und MC »Viele kleine Leute«

Dieses Lied findet sich auch im Evangelischen Gesangbuch (EG), Ausgabe für die Ev. Kirchen im Rheinland, Westfalen und Lippe, Nr. 676. Auf das EG beziehen sich auch der Text und die Zählung der Strophen, die im weiteren Verlauf dieses Gottesdienstes gesungen werden.)

1.3 Wir stimmen uns auf das Thema ein

(Der Pfarrer zeigt den Kindern einen noch zusammengeknüllten, aufblasbaren Plastik-Erdball und sagt:)
Ich habe zu diesem Gottesdienst etwas mitgebracht. Wir wollen mal schauen, was daraus wird, wenn ich Luft hineinpuste. *(Der Plastik-Erdball wird nun aufgeblasen. Er zeigt eine Weltkugel mit den Kontinenten, mit Menschen, Tieren und Pflanzen.)* Könnt ihr erkennen, was ich jetzt hier in der Hand halte? *(Kinder antworten lassen.)* Richtig, es ist eine Weltkugel. Ein Erdball. Ein Schöpfungsball. Wir wollen uns den Ball jetzt untereinander zurollen und uns sagen, was wir alles auf dem Erdball entdecken. Ich fange einmal an. *(Der Pfarrer beginnt nun das »Ballspiel« und sagt: »Ich sehe ganz viel Wasser auf der Erde.« Dann rollt er den Ball einem Kind zu. Das schaut sich den Ball kurz an und sagt beispielsweise: »Ich sehe Elefanten auf der Erde« und rollt die »Erdkugel« einem anderen Kind zu, bis möglichst viele Kinder einmal die »Erde« in Händen hatten.)*

Liebe Kinder, wir haben gesehen, daß es ganz viele Länder und Meere, ganz viele Tiere, Pflanzen und unterschiedliche Menschen gibt, die mit uns auf der Erde leben. Die alle von Gott geschaffen worden sind. Schön, nicht wahr? Und ich finde, das ist ein toller Grund, Gott einmal Danke zu sagen. Darum wollen wir jetzt unsere Hände falten und beten:

1.4 Wir beten

(Das Gebet wird von einer Erzieherin gesprochen.)
Guter Gott.
Wir danken Dir, daß es uns gibt.
Daß wir singen und springen, spielen und toben,
laufen und hüpfen, lachen und beten können.
Aber wir danken Dir auch für das Leben um uns herum:
für die Blumen und Früchte,
für die Tiere, die Fische und Vögel,
für die Meere und Wälder
und für die Menschen, mit denen wir leben.
Alles kommt aus Deiner Hand.
Das ist gut zu wissen.
Amen.

1.5 Wir singen die erste Strophe des Liedes »Du hast uns deine Welt geschenkt«

Du hast uns deine Welt geschenkt: den Himmel, die Erde.
Du hast uns deine Welt geschenkt: Herr, wir danken dir.

2. Wir hören Gottes Botschaft

2.1 Wir hören und gestalten die biblische Schöpfungsgeschichte

(Für die Gestaltung des Schöpfungsbildes im Altarbereich ist folgendes im Vorfeld des Gottesdienstes vorzubereiten: An der freien Wand im Altarraum wird ein ca. 1,20 m hohes × 2,00 m breites blaues Tuch (= der spätere Himmel) befestigt, das an den Fußboden stößt. Dieses blaue Tuch ist zunächst von zwei, etwa gleich großen, schwarzen Tüchern bedeckt (= Beide Tücher stellen zunächst die »Finsternis« dar; im Verlauf der Erzählung bleibt dann nur eins von den beiden schwarzen Tüchern hängen, das die »Nacht« symbolisiert.). Hierunter, auf dem Fußboden, liegt

zu Beginn ein großes schwarzes Tuch (= Finsternis), das später, am 3. Schöpfungstag, durch ein blaues (= Meer) und ein braunes Tuch (= Land) ersetzt wird.
Auf einem Tisch, der bisher von einem Tuch bedeckt war, liegen unterschiedliche »Schöpfungselemente«, wie z.B. Moosstücke, Steine, Topfblumen, Obst etc. und zuvor von den Kindern oder den Erzieherinnen aus Pappe gebastelte Sterne, Wolken, Vögel etc. (Diese werden dann an den entsprechenden Schöpfungstagen mit doppelseitig klebenden Tesastreifen auf den Tüchern befestigt.) Desweiteren liegt eine große Anzahl von verschiedenen Holztieren aus dem Bestand des Spielmaterials des Kindergartens auf dem Tisch.
Die nachfolgende Schöpfungsgeschichte wird vom Pfarrer bzw. von der Leiterin erzählt; sie lehnt sich, neu erzählt, an den Text aus der Kinderbibel »Der Morgen weiß mehr als der Abend« von Jörg Zink an. Damit alle Kinder bei der Gestaltung mitwirken können, werden sie einzeln bzw. zu mehreren von einer Erzieherin gebeten, bestimmte »Schöpfungselemente« anzukleben bzw. aufzustellen. Während der Gestaltungsphasen wird von den anderen die zum jeweiligen Schöpfungstag passende Strophe des Liedes »Du hast uns deine Welt geschenkt« gesungen.
Ich möchte euch jetzt eine Geschichte aus der Bibel weitersagen. Und ihr könnt alle dabei mithelfen, daß hier an der Wand ein schönes Bild, ein buntes Schöpfungsbild entsteht. Die biblische Geschichte, die ich euch erzählen möchte, ist schon alt. Sehr alt. Sie handelt davon, wie Gott die Welt erschaffen hat. Also, stellt euch einmal vor:
1. Schöpfungstag: Vor langer Zeit, ganz am Anfang der Welt, da gab es noch nichts auf der Erde: keine Blumen, keine Schmetterlinge, keine Sterne, keine Erwachsenen und keine Kinder. Alles war ganz leer und finster, so wie unsere schwarze Wand hier vorne. Nur Gott war da. Und er sprach: »Es soll hell werden auf der Erde. Licht soll scheinen.« Ihr müßt wissen: Gott braucht nur etwas zu sagen, dann wird es so. *(Eine Erzieherin leuchtet mit einer starken Halogenlampe auf die schwarzen Tücher.)* Und Gott nannte das Licht »Tag«, und die Dunkelheit »Nacht«. Das war der erste Tag.
2. Schöpfungstag: Und am nächsten Tag sagte Gott: »Die Erde soll unten sein und der Himmel oben.« *(Das auf dem Fußboden liegende schwarze Tuch wird von einer Erzieherin weggenommen und durch ein braunes (Erd-) Tuch ersetzt. Desweiteren wird eines der beiden schwarzen Wandtücher entfernt, so daß eine blaue Himmelshälfte sichtbar wird.)* Und Gott sprach weiter: »Zwischen dem Himmel und der Erde soll Luft sein mit Wind und Wolken.« Und es wurde so, und weiße Wolken zogen über die Erde dahin. Das war der zweite Tag.

(Während einige Kinder Wolken an den Himmel kleben, wird die erste Strophe des Liedes »Du hast uns deine Welt geschenkt« gesungen:)

Du hast uns deine Welt geschenkt: den Himmel, die Erde.
Du hast uns deine Welt geschenkt: Herr, wir danken dir.

3. Schöpfungstag: Und Gott sprach weiter: »Auf der Erde soll festes Land sein mit Bergen und Tälern. Und um das Land herum soll das Wasser brausen.« *(Eine Erzieherin legt auf eine Hälfte des braunen (Erd-) Tuches ein blaues (Meer-) Tuch.)* Dann sprach Gott: »Auf der Erde sollen Blumen blühen, und Gras und Bäume sollen wachsen. Und an den Bäumen sollen Früchte reifen: Äpfel und Birnen und Bananen.« Das war der dritte Tag.

(Während einige Kinder Steine, Moos, Blumen, Obst etc. auf das braune (Erd-) Tuch legen, werden die 2. und die 4. Strophe des Liedes »Du hast uns deine Welt geschenkt« gesungen:)

Du hast uns deine Welt geschenkt: die Länder, die Meere.
Du hast uns deine Welt geschenkt: Herr, wir danken dir.

Du hast uns deine Welt geschenkt: die Blumen, die Bäume.
Du hast uns deine Welt geschenkt: Herr, wir danken dir.

4. Schöpfungstag: Und Gott schaute sich den Himmel an und sagte: »Hier sollen in der Nacht Sterne leuchten, viele Sterne. Und auch der Mond soll über den Himmel wandern. Und am Tag, da soll die Sonne mit ihren Strahlen über die Erde scheinen, um alles hell und warm zu machen.« Das war der vierte Tag.

(Während einige Kinder Mond und Sterne auf dem schwarzen (Nacht-) Tuch befestigen bzw. eine Sonne auf dem blauen (Himmels-) Tuch, wird die 3. Strophe des Liedes »Du hast uns deine Welt geschenkt« gesungen:)

Du hast uns deine Welt geschenkt: die Sonne, die Sterne.
Du hast uns deine Welt geschenkt: Herr, wir danken dir.

5. Schöpfungstag: Und Gott sprach: »Ich will, daß Fische im Wasser schwimmen und in der Luft Vögel fliegen.« Und so wimmelte es bald im Meer von kleinen und großen Fischen. Und durch die Luft flogen Vögel in herrlichen Farben, und Bienen und Schmetterlinge besuchten die Blumen. Und Gott freute sich über die Vögel und Fische von ganzem Herzen. Das war der fünfte Tag.

(Während einige Kinder Vögel auf das blaue (Himmels-) Tuch kleben bzw. Fische auf das (Wasser-) Tuch legen, wird die 6. Strophe des Liedes »Du hast uns deine Welt geschenkt« gesungen:)

Du hast uns deine Welt geschenkt: die Vögel, die Fische.
Du hast uns deine Welt geschenkt: Herr, wir danken dir.

6. Schöpfungstag: Und Gott sah auf das Land, auf die Berge und Täler, auf die Wälder und Felder und sagte: »Auch hier soll es Tiere geben. Hier sollen Löwen und Elefanten, Hasen und Eichhörnchen und viele andere Tiere leben.« Und es geschah, wie Gott wollte, und bald sah man überall große und kleine, zahme und wilde Tiere auf der Erde.
Und als Gott alles, was er bisher geschaffen hatte, anschaute, sagte er: »Jetzt will ich den Menschen schaffen. Der soll ein Freund der Tiere sein und ein Gärtner für die Pflanzen. Er soll alles, was auf der Erde lebt und wächst, schützen und bewahren. Er soll Getreide auf die Felder säen und es ernten. Er soll Häuser bauen und viele Dinge erfinden. Er soll Lieder singen und Bilder malen können und sich an allem freuen, was um ihn herum lebt.« Und so schuf Gott zwei Menschen, eine Frau und einen Mann, und sprach: »Die beiden sollen sich ganz doll lieb haben und Kinder bekommen.« All das geschah am 6. Tag der Schöpfung Gottes.
(Während einige Kinder verschiedene Tiere und 2 Menschenfiguren auf das braune (Erd-) Tuch stellen, wird die 7. Strophe des Liedes »Du hast uns deine Welt geschenkt« gesungen:)

Du hast uns deine Welt geschenkt: die Tiere, die Menschen.
Du hast uns deine Welt geschenkt: Herr, wir danken dir.

7. Schöpfungstag: Am 7. Tag schaute Gott sich noch einmal alles an, was er geschaffen hatte: *(Die folgende Aufzählung wird betont langsam gesprochen, damit die Kinder währenddessen noch einmal die Schöpfungswerke Gottes auf dem Schöpfungsbild mitbetrachten können.)* Tag und Nacht; Erde und Himmel; Wasser und Land; Blumen und Bäume; Sonne, Mond und Sterne; die Fische im Wasser und die Vögel in der Luft, die Tiere des Landes und die Menschen. Große Freude erfüllte Gott, als er das bunte Leben von Pflanzen, Tieren und Menschen auf der Erde sah, und er sprach: »Dieser Tag heute, der 7. Tag, der Sonntag, das soll kein Arbeitstag sein. Da sollen die Menschen Ruhe haben. Da sollen sie ausruhen und fröhlich sein, da sollen sie sich an der schönen Erde freuen. Und da sollen sie auch an mich denken und mir danken.«
Und Gott danken, das wollen wir jetzt auch tun, indem wir noch einmal zwei Strophen unseres Liedes »Du hast uns deine Welt geschenkt« singen (1. Strophe / 9. Strophe):

Du hast uns deine Welt geschenkt: den Himmel, die Erde.
Du hast uns deine Welt geschenkt: Herr, wir danken dir.

Du hast uns deine Welt geschenkt: Du gabst uns das Leben.
Du hast uns in die Welt gestellt: Herr, wir danken dir.

3. Wir lassen das Gehörte nachwirken

3.1 Wir machen eine Phantasiereise durch Gottes schöne Welt

(Eine Erzieherin führt die Kinder zunächst kurz in das »Vorhaben Phantasiereise« ein und bittet sie, für sich eine ganz bequeme Rückenlage auf dem Boden zu finden. Der folgende Text wird von ihr sehr ruhig – meditativ – gesprochen. Im Hintergrund läuft leise, beruhigende Entspannungsmusik von einer Kassette.)

Ich möchte euch nun einladen zu einer Reise mit dem Fli-Zau-Flu. Ihr wißt nicht, was das ist? Nun, das Fli-Zau-Flu ist ein »Fliegendes Zauber-Flugzeug«. Damit können wir in Windeseile an jeden Ort der Welt gelangen. Wer von euch möchte, der kann jetzt seine Augen schließen, auf die Musik und auf meine Worte lauschen und mich auf die Reise begleiten.

(An dieser Stelle ist es wichtig, den Kindern etwas Zeit zu lassen, sich auf Ruhe zu eichen, gegebenenfalls mit leichter »Regiehilfe«.)

Stellt euch vor: Wir sitzen jetzt alle in unserem Fli-Zau-Flu. Wir starten. Wir steigen höher und höher. Jetzt können wir schon die Wolken sehen. Sie tummeln sich am hellblauen Himmel. Es scheint, als ob sie Fangen spielen und Purzelbäume schlagen. Es macht Spaß, dem Flug der Wolken zuzusehen *(kleine Pause lassen)*.

Jetzt setzen wir zur Landung an. Und »schwupp di wupp« – sind wir auf einer wunderschönen bunten Wiese. Wir schauen uns ganz langsam um. Schön ist es hier. Bunte Schmetterlinge fliegen umher. Nicht weit von uns hoppeln ein paar Hasen über die Wiese. Ein kleines Marienkäferkind läßt sich gerade auf deiner Hand nieder. Und die Blumen, die blühen auf unserer Wiese in den herrlichsten bunten Farben: weiße Gänseblümchen, blaue Veilchen, gelbe Sonnenblumen, grüner Klee. Und in den violetten Glockenblumen, da tummeln sich Bienen und Hummeln. Ja, wunderschön ist es hier *(kleine Pause lassen)*.

Jetzt steigen wir wieder in unser Fli-Zau-Flu, und – schwupp di wupp – sind wir auf einem hohen Berg. Schnee liegt auf den Gipfeln um uns herum: Gemsen und Bergziegen springen von Fels zu Fels. Adler mit ihren mächtigen Flügeln und viele andere Vögel fliegen durch die Luft. Es ist einfach wunderschön hier oben: die frische Luft, der herrliche Blick auf die grünen Wälder unter uns, und über uns der strahlend blaue Himmel *(kleine Pause lassen)*.

Wir steigen wieder in unser Fli-Zau-Flu, und – schwupp di wupp – sind wir an einem herrlichen breiten Strand. Ganz fein und weiß ist der Sand. Fast wie Puderzucker. Viele Muscheln liegen am Strand, und die Sonnenstrahlen tanzen auf den Wellen des Meeres. Wir legen uns einen Augen-

blick in den Sand und genießen, wie die Wellen leicht über unsere Füße plätschern *(kleine Pause lassen)*.
Wir steigen wieder in unser Fli-Zau-Flu, und – schwupp di wupp – sind wir mitten in einem Wald. Ein kleines Rehkitz springt zwischen den Bäumen umher. In den Baumkronen tummeln sich die Vögel und singen fröhliche Lieder. Eine Schnecke kriecht langsam über ein Blatt, und ein Eichhörnchen flitzt ganz flink einen Baumstamm hinauf. Es wird Abend. Das matte Licht der Sterne bescheint Büsche und Sträucher, und der Mond breitet sein silbriges Licht über dem Wald aus *(kleine Pause lassen)*.
Ein letztes Mal steigen wir nun in unser Fli-Zau-Flu, und – schwupp di wupp – sind wir wieder hier im Raum. Unsere kleine Reise durch Gottes schöne Welt ist zu Ende. Hat sie euch gefallen? *(Pause lassen)*

3.2 Wir singen das Lied: »Halleluja«

Text: © Jürgen Gauer
Melodie: Spiritual
»Michael row the boat ashore«

2. Er schuf Himmel, Erde, Wind. Halleluja.
Er schuf mich und jedes Kind. Halleluja.

3. Gott sei Dank für alles Leben. Halleluja.
Das er in die Welt gegeben. Halleluja.

4. Wir lassen uns von Gott senden

4.1 Wir bringen unseren Dank vor Gott

(Die Rahmung des Gebetes wird von einer Erzieherin gesprochen. Die übrigen Dankanliegen werden von Kindern übernommen, die das jeweils entsprechende Schöpfungselement vor dem Schöpfungsbild ablegen.)
Lieber Gott.
Voller Wunder ist die Erde, die Du geschaffen hast.
Dafür wollen wir zu Dir »Danke« sagen:
1. Kind: Danke, Gott, für die Erde, auf der alles wächst.
(legt eine Handvoll Erde ab)
2. Kind: Danke, Gott, für die Blumen, die Du blühen läßt.
(legt ein paar Blumen ab)
3. Kind: Danke, Gott, für die Bäume, die Du wachsen läßt.
(legt einen Zweig ab)
4. Kind: Danke, Gott, für die Früchte, die Du reifen läßt.
(legt einen Apfel ab)
5. Kind: Danke, Gott, für das Wasser, das wir alle brauchen.
(stellt ein Glas Wasser ab)
6. Kind: Danke, Gott, für alle Pflanzen, Tiere und Menschen auf der Erde.
(legt den Erdball dazu)
Alles, wofür wir Dir, Gott, noch danken,
das wollen wir Dir nun gemeinsam singen.

4.2 Wir singen das Lied: »Lieber Gott, wir danken dir«

2. Wir sagen Dank für Wolken, Luft und Winde,
für jeden Käfer, Wurzeln, Moos und Rinde.
Ja, lieber Gott, wir danken dir
für Menschen, Pflanzen, jedes Tier.

3. Wir sagen Dank für Regen, Meer und Wellen,
für die Delphine, Muscheln und Forellen.
Ja, lieber Gott, wir danken dir
für Menschen, Pflanzen, jedes Tier.

4. Wir sagen Dank für Berge, Hügel, Wälder,
für alle Blumen, Wiesen und auch Felder.
Ja, lieber Gott, wir danken dir
für Menschen, Pflanzen, jedes Tier.

5. Wir sagen Dank für Feuer, Nebel, Wüsten,
für die Vulkane, Gletscher und die Küsten.
Ja, lieber Gott, wir danken dir
für Menschen, Pflanzen, jedes Tier.

4.3 Wir werden gesegnet

(Der Segen wird vom Pfarrer gesprochen.)
Gott, der einstmals sprach: »Es werde!«,
segne uns und diese Erde.
Er sei stets in uns're Mitte.
Er begleite uns're Schritte,
daß wir seine Erde pflegen.
Ihm zur Ehre, uns zum Segen.

4. Hinweise zur Vorbereitung des Gottesdienstes

- **Folgende Utensilien müssen besorgt werden**

Für die thematische Einstimmung in den Gottesdienst (vgl. 1.3) ist ein (aufblasbarer) Erdball bzw. Weltball zu besorgen, der im einschlägigen Spielzeughandel bzw. bei pädagogischen Versänden erhältlich ist. Sehr empfehlenswert, weil sehr vielseitig und anschaulich, ist der »Tierglobus«, den die Firma Eibe vertreibt.

Für die Erzählung und Gestaltung der biblischen Schöpfungsgeschichte sind folgende Materialien bereitzuhalten: bunte Tücher in den Farben schwarz, blau und braun. Verschiedenfarbige Kartons, aus denen Sonne, Mond, Sterne, Wolken und Vögel gebastelt werden. Desweiteren liegen auf einem Tisch unterschiedliche (Holz-) Tiere aus dem Spielbestand der Kita und verschiedene »Schöpfungselemente« wie Moos, Steine etc. bereit. Ferner benötigt man noch eine Taschenlampe und doppelseitig klebenden Tesafilm zum Befestigen der Gegenstände (Sonne, Wolken etc.) auf den Wandtüchern.

Für die Phantasiereise werden ein Kassettenrecorder und eine Kassette mit meditativer Entspannungsmusik gebraucht.

Entsprechend ihrer Dankanliegen legen die Kinder beim abschließenden Dankgebet die folgenden »Schöpfungselemente« (Erde, Blumen, Zweig, Glas mit Wasser) und den Erdball vor dem Schöpfungsbild ab.

- **Folgende Dinge müssen hergestellt werden**

Die kreativen Vorbereitungen für diesen Gottesdienst beschränken sich auf das Basteln der »Himmelsschöpfungen« wie Sonne, Mond, Sterne, Wolken und Vögel, die während der Erzählung der Schöpfungsgeschichte auf die Himmelstücher geklebt werden. Diese Himmelselemente und die Vögel wurden vorher von den Kindern in ihrer Gruppe selbst gebastelt.

D. Von guten Mächten wunderbar geborgen (Gott, unser Hirte)

Weil ich Jesu Schäfchen bin

1. Hinweise zur Feier des Gottesdienstes

Das Bild des Hirten – in vielen ländlichen Gegenden ist es Kindern noch vertraut. Noch des öfteren sieht man hier, vor allem im Spätsommer und im Herbst, Hirten mit ihren Herden über die Felder und durch die Ortschaften ziehen. Der Hirte – er ist sozusagen der Inbegriff des treusorgenden Hüters und Wächters. Er kümmert sich um die ihm anvertrauten Tiere. Er sorgt für sie; ist ihr »Fürsorger«. Er begleitet und leitet sie; er ist ihr »Leithammel«. Er behütet sie. Er bewahrt sie. Er weidet seine Schafe auf einer grünen Aue. Er führt sie zum frischen Wasser. Er beschützt sie mit seinem Stecken. Kurzum: Der Hirt ist immer für seine Tiere da – sorgend, treusorgend, fürsorgend und vorsorgend.
In der Gottesbildgalerie der Bibel taucht das Bild des Hirten für Gott an zahlreichen Stellen auf (z.B. Psalm 23; Jesaja 40,11; Jeremia 31,10). Auch Jesus knüpft an dieses Motiv an; im 10. Kapitel des Johannes-Evangeliums bezeichnet er sich selbst als guten Hirten, der sein Leben für die Schafe läßt.
Gerade auch für kleine Kinder ist das Bild des Hirten intuitiv verständlich und zugänglich. Kleine Kinder wissen, was es heißt, geborgen zu sein; sie alle haben Erfahrungen von Zuneigung und Fürsorge gemacht (auch als Defiziterfahrung). Sie kennen das Gefühl, wie gut und wie schön es ist, behütet und beschützt zu sein. Insofern bedarf das Hirtenmotiv, das durch das Gleichnis Lukas 15,1–7 im Mittelpunkt dieses Gottesdienstes steht, für die Kinder eigentlich kaum einer Erklärung. Ebenso nicht die daraus abzuleitende gefühlsmäßige Erfahrung: So wie ein Hirte sich ganz für die ihm anvertrauten Schafe einsetzt, so ist auch Gott für uns Menschen da als Beschützer und Begleiter. Ja, Gott ist der gute Hirte, der für mich sorgt und der sich um mich sorgt, der mit mir geht und der mir nachgeht.
Wenige Wochen nach dem Beginn eines Kindergartenjahres kreist das Zusammenleben in den einzelnen Gruppen sehr intensiv darum, sich kennenzulernen, miteinander vertraut zu werden, als Gemeinschaft zusammenzufinden und zusammenzuwachsen. Geprägt von dieser Anfangssituation und der Erfahrung, den vertrauten Lebensraum zu Hause (erstmals bzw. nach den Ferien wieder) verlassen zu müssen, fühlen sich einige Kinder zunächst selber wie »verlorene Schafe«. So ist es wichtig, in diesem Gottesdienst Aspekte wie Geborgenheit, Behütetsein und Vertrauen aufzugreifen. Von daher bot sich das Gleichnis vom guten Hirten geradezu

an, die o.g. Aspekte im Gottesdienst mit den Kindern durch Lieder, Gebete, Verkündigung und Spiel zum Tragen zu bringen.
Möglicherweise erscheinen dem Leser einige Versatzstücke und Ausdrücke dieses Entwurfes in ihrer Sprache als zu altertümlich, zu frömmelnd oder zu verniedlichend (z.B. der Begriff »Schäflein« oder das Bild von Hirte und Herde). Aber das Feiern dieses Gottesdienstes hat gezeigt, daß sich Kinder von dieser sehr einfachen, auf manchen Erwachsenen vielleicht naiv frömmelnd wirkenden Sprache doch sehr stark ansprechen und zum Mitmachen bewegen lassen.

2. Ablauf des Gottesdienstes

- Wir finden uns in Gottes Namen zusammen
  - Wir finden uns ein
  - Wir kommen zur Ruhe
  - Wir werden begrüßt
  - Wir singen ein Lied
  - Wir beten
- Wir hören Gottes Botschaft
  - Wir hören das Gleichnis vom guten Hirten
  - Wir singen ein Lied
- Wir lassen Gottes Botschaft nachwirken
  - Der Hirte Micha erzählt (Eine »Erzählung im Chor«)
- Wir lassen uns von Gott senden
  - Wir singen ein Lied
  - Wir beten
  - Wir beten das Vater Unser
  - Wir werden gesegnet

3. Durchführung

1. Wir finden uns in Gottes Namen zusammen

1.1 Wir finden uns ein

(Im Altarraum steht, für alle gut sichtbar, eine Tafel, auf die wir zuvor mit bunten Kreiden einen Hirten und eine schöne Wiesenlandschaft gemalt haben. (Die Schafe fehlen zunächst auf dem Tafelbild; einige Papier-

schafe sind im Raum versteckt und müssen gleich von Kindern gesucht werden.) Nachdem die Kinder alle versammelt sind, werden sie vom Pfarrer gebeten, das Tafelbild zu beschreiben. In diesem Zusammenhang haben sich Kleinfragenketten, wie die nachfolgende, gut bewährt:)
Was ist das für ein Mann, den ihr hier auf dem Tafelbild seht? – Wie sieht er aus? – Was hat er an? – Warum steht er auf einer Wiese? – Habt ihr schon einmal einen Hirten gesehen? – Was macht ein Hirte? – Wofür hat er immer einen Hund dabei? – Auf welche Tiere paßt er auf? – Warum brauchen die Tiere einen Hirten? – etc.
Liebe Kinder! Wenn ich mir das Bild so angucke, muß ich sagen: Etwas fehlt darauf. *(Kinder antworten: die Schafe.)* Richtig. Die Schafe fehlen hier. Und ein Hirte ohne Schafe, das ist wie ein Kindergarten ohne Kinder. Doch halt. Ich glaube, ich habe da gerade so ein leises Schafsblöken gehört. Aber – ich kann nirgends ein Schaf entdecken. Wer hilft mir von euch beim Suchen?
(Vor Beginn des Gottesdienstes wurden drei (Papier-) Schafe versteckt. Drei Kinder werden gebeten, je ein Schaf zu suchen. Die Suche wird spielerisch gestaltet nach der altbekannten »Heiß-Kalt«-Ansagemethode. Danach werden die Schafe mit einem kleinen Klebestreifen am Tafelbild befestigt.)

1.2 Wir kommen zur Ruhe

Liebe Kinder, jetzt ist unser Bild fertig: das Bild vom Hirten, der seine Schafe behütet, der sie begleitet, der sie schützt und auf sie acht gibt. Und nun stellt euch einmal vor: Jeder von uns ist ein Schaf. Und wir alle zusammen sind eine große Schafherde. Wie hört sich das wohl an?
(Wir ahmen jetzt alle zusammen das »Mähen« der Schafe nach. Wir beginnen mit einem ganz lauten »Mäh«; dann werden wir leiser ... und immer leiser ... und noch ein bißchen leiser ... und noch ein bißchen ... und noch etwas ... bis wir schließlich nur noch ein ganz leises »Mäh« flüstern.)

1.3 Wir werden begrüßt

(Der Pfarrer spricht mit leiser Stimme in das »Mähen der Herde« hinein:)
Ich wünsche euch einen guten Tag, und ich freue mich, daß wir jetzt zusammen Gottesdienst feiern können. Schön, daß ihr alle da seid.
Heute wollen wir eine wunderschöne Geschichte aus der Bibel hören. Eine Geschichte von einem Hirten. Von einem Hirten, der, wie auch ihr gerade, ein Schaf gesucht hat. Ob der Hirte es gefunden hat? Na, das werden wir gleich hören. Erst einmal wollen wir miteinander ein Lied singen.

1.4 Wir singen das Lied: »Weil ich Jesu Schäflein bin«

Text: Henriette Luise v. Hayn, 1788
Melodie: Christian Gregor, 1755

2. Unter seinem sanften Stab geh ich ein und aus
und hab unaussprechlich süße Weide,
daß ich keinen Hunger leide;
und so oft ich durstig bin,
führt er mich zum Brunnquell hin.

1.5 Wir beten

Liebe Kinder, in einem alten Gebet in der Bibel *(Psalm 23)* wird einmal von Gott gesagt: Gott ist ein guter Hirte. – Ein schönes Bild, nicht wahr? Gott, unser Hirte, der uns lieb hat und der uns beschützt. Zu Gott, unserem guten Hirten, wollen wir nun beten:

Herr, unser Gott.
Du kümmerst Dich um uns wie ein guter Hirte.
Du behütest uns.
Du begleitest uns.
Du tröstest uns.
Du suchst uns wie ein Hirte seine Schafe.
Danke, Gott, daß Du uns so lieb hast.
Amen.

2. Wir hören Gottes Botschaft

2.1 Wir hören das Gleichnis vom guten Hirten

Und jetzt, wie versprochen, die Geschichte vom guten Hirten. Sie steht in der Bibel. Jesus hat sie einmal vor langer Zeit erzählt. Mit dieser Geschichte wollte er den Menschen zeigen, wie lieb Gott uns hat. Also stellt euch einmal vor:

Da ist ein Hirte. Ein Hirte, der seine Arbeit gerne macht. Der seine Herde liebt. Der jedes Tier in der Herde kennt. Der jedes einzelne Tier erkennt: an seinem Blöken, an seiner Größe, an seinem Fell. Nun, diesem Hirten sind viele Schafe anvertraut. 100 Schafe. Das sind ganz schön viele. Klar, daß unser Hirte eine Menge zu tun hat. Schließlich muß er auf alle Tiere aufpassen und darauf achten, daß die Herde zusammenbleibt. Und er muß seine Schafe auch vor vielen Gefahren schützen; zum Beispiel vor wilden Tieren oder vor Räubern.

Jeden Tag weidet der Hirte die Schafe auf den Wiesen und Weiden, wo sie fressen können. Er führt sie zu Wasserstellen, damit sie trinken können. Am Abend treibt er die Herde zusammen. Und dann zählt er jedesmal seine Schafe, damit er genau weiß, ob er keines verloren hat. Eines Abends jedoch merkt er, daß ihm ein Schaf fehlt. Er zählt noch einmal die ganze Herde durch. Und tatsächlich, ein Tier ist verschwunden. Der Hirte macht sich Sorgen. Große Sorgen. Was ist bloß mit seinem Schaf geschehen? Hat es sich verlaufen? Liegt es irgendwo verletzt? Hat ein Wolf es getötet?

Unser Hirte wird unruhig. Er muß jetzt ganz schnell etwas unternehmen. Und so beschließt er, die Herde in dem sicheren Zaun zurückzulassen und das verlorene Schaf zu suchen. Er geht hinaus in die dunkle Nacht. Immer wieder bleibt er stehen. Er ruft das Schaf. Er horcht auf ein Lebenszeichen, auf ein Blöken, auf ein Mähen. Aber nichts. Viele Stunden sucht der Hirte. Ohne Erfolg. Doch er gibt nicht auf. Er hat sein Schaf sehr lieb. Er muß einfach weitersuchen. Er gönnt sich keine Ruhe. Er muß das Schaf finden. Und auf einmal hört er in der Ferne ein ganz schwaches, ein ganz leises »Mäh, Mäh«. Schnell läuft der Hirte in die Richtung, aus der die Töne kommen. Das Mähen wird immer lauter. Und dann findet er sein Schaf. Es war in eine tiefe Felsspalte hineingefallen und konnte sich selbst nicht mehr befreien.

Der Hirte strahlt. Er freut sich. Die Suche hat sich gelohnt. Er hat sein verlorenes Schaf gefunden. Ganz vorsichtig und überglücklich legt er das Schaf auf seine kräftigen Schultern. Er trägt es heim zur Herde, zu den übrigen Schafen. Und dann ruft er alle seine Freunde zusammen. Er feiert mit ihnen ein schönes Fest. Ein Freudenfest. So sehr hat er sich darüber gefreut, daß er das verlorene Schaf wiedergefunden hat.

2.2 Wir singen ein Lied: »Ein kleines, wildes Schäfchen«

(mündlich überlieferte Volksweise)

2. Da ließ der gute Hirte die Herde allein,
   er suchte das Schäfchen, er hörte es schrei'n;
   er suchte das Schäfchen, er hörte es schrei'n.

3. Es fiel in spitze Dornen, der Schäfer hob's heraus,
   dann trug er es froh auf den Armen nach Haus;
   dann trug er es froh auf den Armen nach Haus.

3. Wir lassen Gottes Botschaft nachwirken

3.1 Der Hirte Micha erzählt (Eine »Erzählung mit Chor«)

(Diese Art der Erzählung bietet allen Kindern die Möglichkeit, sich aktiv an einer Geschichte zu beteiligen, sich mit »zu Wort zu melden«. Denn es gilt die einfache Regel: Alles das, was der Chorführer – in unserem Fall: das Schaf – spricht, sprechen die Kinder nach. Von daher ist es notwendig, den Kindern zuvor anzusagen: »Das, was gleich in der Geschichte das Schaf spricht – und nur das –, das sprecht bitte alle nach.« Der Chorführer kann durch seine Art des Sprechens auch Tonfall, Lautstärke, Sprechtempo, Pausen etc. steuern und so ganz entscheidend die Dramaturgie der Geschichte lenken; von daher ist dies eine Rolle für einen »guten Sprecher mit sensitivem Gespür für die Situation«.

Im Fall unserer Erzählung haben zwei Erzieherinnen die beiden Sprechparts des Hirten und des Schafes übernommen, wobei das »Schaf« gleichzeitig der Chorführer war. Der »Hirte« trug einen Poncho, einen breitkrempigen Hut und einen langen Stab; der 2. Sprecher hielt ein zuvor aus Pappe gebasteltes Schaf im Arm und saß auf dem Boden.)

Hirte: Hallo, Kinder. Guten Tag. Ich freue mich, euch zu sehen. Mein Name ist Micha. Na, und was mein Beruf ist, das könnt ihr euch sicher denken, nicht wahr? *(Die Kinder antworten lassen.)* Also, ich muß sagen: Ich bin mit Leib und Seele Hirte. Ich sorge gerne für meine Schafe. Ich führe sie am Tag auf die Weide. Dort finden meine Schafe genug Gras zum Fressen. Und wenn sie durstig sind, dann führe ich sie zu einer Wasserstelle oder zu einem Brunnen. Ich passe auf, daß die Herde immer zusammenbleibt und sich kein Schaf verläuft. Und vor allem muß ich auf der Hut vor wilden Tieren sein. Ihr müßt wissen: In unserer Gegend da gibt es viele Wölfe. Und die lauern nur darauf, ein Schaf zu töten und zu fressen. Meine Herde, die ist mir übrigens gut vertraut. Ich kenne jedes einzelne Tier.

Schaf: Er kennt auch mich.
Alle: Er kennt auch mich.
Schaf: Ich bin das Schäfchen Fridolin.
Alle: Ich bin das Schäfchen Fridolin.
Schaf: *(singt die nachfolgende Liedstrophe:)*

Text und Melodie: © Jürgen Gauer

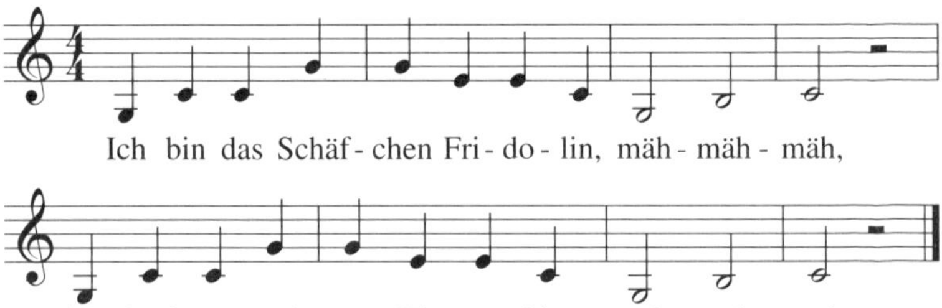

Alle: Ich bin das Schäfchen Fridolin – mäh – mäh – mäh.
Ich lauf zu meinem Hirten hin – mäh – mäh – mäh.

(Während der Liedstrophe rückt Fridolin nahe an den Hirten heran.)

Hirte: Ja, Fridolin. Komm her, mein liebes Schäflein. Laß dich ein bißchen streicheln und kraulen. Gleich ziehen wir los zu einer grünen, saftigen Wiese.

Schaf: *(singt die 2. Strophe des Liedes nach der obigen Melodie:)*
Er hütet mich tagaus, tagein, mäh – mäh – mäh.
Der Hirt' will mein Beschützer sein, mäh – mäh – mäh.

Alle: Er hütet mich tagaus, tagein, mäh – mäh – mäh.
Der Hirt' will mein Beschützer sein, mäh – mäh – mäh.

Hirte: So, Fridolin, los geht's. Auf, auf. Sei nicht so lauffaul. Schau mal, wie flott die anderen Schafe heute morgen auf den Beinen sind. Du hast doch sicher auch Hunger auf saftiges Gras und Durst auf schönes, klares, frisches Quellwasser.

Schaf: Mein Hirte ist ein guter Mann.

Alle: Mein Hirte ist ein guter Mann.

Schaf: Immer ist er für mich da.

Alle: Immer ist er für mich da.

Schaf: *(singt die 3. Strophe des Liedes nach der obigen Melodie:)*
Führt mich zum frischen Wasser hin, mäh – mäh – mäh.
Hat Gutes nur für mich im Sinn, mäh – mäh – mäh.

Alle: Führt mich zum frischen Wasser hin, mäh – mäh – mäh.
Hat Gutes nur für mich im Sinn, mäh – mäh – mäh.

Hirte: Ist das eine Hitze heute! Die Sonne brennt heiß auf die Wiesen und die Hügel herab. Nur gut, daß wir diesen kleinen Bach entdeckt haben. So können meine Schafe wenigstens bei der Hitze ihren Durst stillen. Aber so allmählich müssen wir doch aufbrechen.

Schaf: Die Sonne geht jetzt langsam unter.

Alle: Die Sonne geht jetzt langsam unter.

Schaf: Dann wird es ganz schnell dunkel sein.

Alle: Dann wird es ganz schnell dunkel sein.

Schaf: Da geh'n wir lieber langsam heim.

Alle: Da geh'n wir lieber langsam heim.

Schaf: Sonst verlaufen wir uns noch.

Alle: Sonst verlaufen wir uns noch.

Hirte: So, geschafft. Da sind wir ja noch rechtzeitig wieder daheim im Stall angekommen. Denn im Dunkeln, da ist es für meine Schafe schon gefährlich. Schnell kann ein Tier vom Weg abkommen und sich verlaufen. Oder es stürzt in eine Felsspalte. Oder ein Wolf fällt es an. – Na ja, dann wollen wir mal die Tiere zählen: eins, zwei, drei, vier ... Mmh, komisch. Ob ich mich verzählt habe? Da will ich doch lieber noch einmal nachzählen, ob auch alle Tiere im Stall sind. Eins, zwei, drei, vier ... Ach, du Schreck. Das darf doch nicht wahr sein. Ein Schaf fehlt. Und ausgerechnet Fridolin, das kleine Schäflein. Hoffentlich ist ihm nichts passiert. Ich muß sofort los und Fridolin suchen.

Schaf: *(singt die 4. Strophe des Liedes nach der obigen Melodie:)*

Und einmal, da verirrt ich mich, mäh – mäh – mäh.
Doch mein Hirt' ließ mich nicht im Stich, mäh – mäh – mäh.

Alle: Und einmal, da verirrt ich mich, mäh – mäh – mäh.
Doch mein Hirt' ließ mich nicht im Stich, mäh – mäh – mäh.

Hirte: Ja, die ganze Nacht bin ich durch die Gegend gelaufen. »Fridolin, Fridolin«, habe ich immer gerufen. Doch – kein Lebenszeichen. Kein Mähen. Nichts, was mich auf Fridolins Spur gebracht hätte. Ihr könnt euch sicher denken, Kinder, wie verzweifelt ich war. Was war mit meinem Schäfchen geschehen? War es verletzt? Hatte es sich verlaufen? Lebte es noch? Ich war verzweifelt. Doch die Suche nach Fridolin aufgeben? – Das kam nicht in Frage. Schließlich gehörte das Schäflein zu meiner Herde. Und ich war für jedes Tier verantwortlich. Also suchte ich weiter.

Schaf: Ich habe mich verlaufen.

Alle: Ich habe mich verlaufen.

Schaf: Da war ich ganz allein.

Alle: Da war ich ganz allein.

Schaf: An einem Felshang rutscht' ich ab.

Alle: An einem Felshang rutscht' ich ab.

Schaf: Ich konnt' mich selbst nicht mehr befrei'n.

Alle: Ich konnt' mich selbst nicht mehr befrei'n.

Schaf: Dazu war ich zu schlapp.

Alle: Dazu war ich zu schlapp.

Schaf: Ob mich mein Hirt' wohl suchen wird?

Alle: Ob mich mein Hirt' wohl suchen wird?

Schaf: *(singt die 5. Strophe des Liedes nach der obigen Melodie:)*
Er sucht mich viele Stunden lang, mäh – mäh – mäh.
Bis er mich fand an einem Hang, mäh – mäh – mäh.

Alle: Er sucht mich viele Stunden lang, mäh – mäh – mäh.
Bis er mich fand an einem Hang, mäh – mäh – mäh.

Hirte: Ach, Kinder. Was war ich froh, daß ich mein Schäfchen Fridolin lebend wiedergefunden habe. Ich nahm es erst einmal in den Arm, drückte es ganz fest an mich und streichelte es. Dann legte ich es vorsichtig über meine Schultern und trug es heim. Heim zu den anderen Schafen.

Schaf: *(singt die 6. Strophe des Liedes nach der obigen Melodie:)*
Froh trug er mich zur Herde heim, mäh – mäh – mäh.
Ich werd' ihm immer dankbar sein, mäh – mäh – mäh.

Alle: Froh trug er mich zur Herde heim, mäh – mäh – mäh.
Ich werd' ihm immer dankbar sein, mäh – mäh – mäh.

Hirte: Ja, Kinder. Als ich Fridolin dann wieder in den Stall gebracht habe, ist er dort sofort ganz fest eingeschlafen. Aber ich, ich war so glück-

lich, daß ich Fridolin wiedergefunden hatte, daß ich alle meine Freunde zu einem kleinen Fest, zu einem Freudenfest eingeladen habe.
Ach, übrigens: Genauso wie ich alle meine Schafe liebhabe und jedes einzelne Schaf kenne, so hat auch Gott uns alle lieb. Ja, Gott ist wie ein Hirte zu uns. Er will uns behüten und für uns sorgen. Er ist bei uns, wenn es uns gut geht und auch dann, wenn wir traurig sind oder krank oder uns alleine fühlen. Ja, Gott läßt uns nicht im Stich. Er ist unser guter Hirte.

4. Wir lassen uns von Gott senden

4.1 Wir singen das Lied: »Der Herr ist mein Hirte«

(mündlich überlieferter Kanon)

4.2 Wir beten

(Zu diesem Gebet reichen wir uns alle die Hände. Dann sprechen zwei Erzieherinnen das nachfolgende Gebet:)

Herr, unser Gott.
Du bist unser Hirte.
Du hast uns lieb.
Du behütest uns.

Bei Dir kann ich bewahret sein.
Denn Du läßt mich nicht allein.
Du kennst mich, und Du sorgst für mich.
Du läßt uns alle nicht im Stich.

Herr, unser Gott.
Du bist unser Hirte.
Du hast uns lieb.
Du behütest uns.

Du bist bei mir am Tag und in der Nacht,
hältst über meinem Bett die Wacht.
Du bist mein Hirt' ein Leben lang.
Dafür, Gott, sage ich Dir Dank.
Amen.

4.3 Wir beten das Vater Unser

4.4 Wir werden gesegnet

Gott, der unser guter Hirte ist,
behüte euch und bewahre euch.
Er sei um euch im Lachen und im Weinen,
im Kindergarten und zu Hause,
wenn ihr einsam oder traurig seid.
Gott, der gute Hirte, segne euch.
Amen.

4. Hinweise zur Vorbereitung des Gottesdienstes

- **Folgende Utensilien müssen besorgt werden:**

Eine Tafel und Kreide für das Tafelbild. Für die Pappschafe: Pappe und Watte (für das Schaffell) und doppelseitig klebendes Klebeband zum Befestigen der (Papp-) Schafe auf dem Tafelbild.
Für die Verkleidung des Hirten Micha braucht man z.B. einen Hut, einen Holzstecken und einen Poncho bzw. einen Umhang etc.

- **Folgende Dinge müssen hergestellt werden:**

Im Vorfeld des Gottesdienstes sollte jemand aus der Vorbereitungsgruppe ein schönes, buntes Tafelbild malen, auf dem eine Wiesenlandschaft und ein Hirte mit einem Schäferhund zu sehen sind. Desweiteren werden drei kleine (Papp-) Schafe gebastelt, die im Raum versteckt und im Verlauf des Gottesdienstes von den Kindern gesucht werden.
Für das kleine Hirtenspiel ist ein größeres Schaf (»Fridolin«) zu basteln.

Laßt die Kinder zu mir kommen

1. Hinführung zur Feier des Gottesdienstes

Dem nachfolgenden Gottesdienstentwurf liegt die Taufe eines Kindergartenkindes zugrunde, die wir, auf Wunsch der Eltern des Täuflings, mit allen Kindern und Erzieherinnen in unserer Kirche gefeiert haben.
Da die Kinder von der bevorstehenden Taufe wußten, hat uns dieses Tauffest schon einige Zeit zuvor in der Kindertagesstätte beschäftigt. Immer wieder haben die Kinder danach gefragt, was denn eine Taufe sei; oder sie haben selbst von Taufen erzählt, die sie schon einmal miterlebt haben. Sie wissen auch, daß sie selber getauft sind. So wurde schon im Vorfeld dieses Gottesdienstes das Thema Taufe in vielfältiger Weise an die Kinder herangetragen, sei es durch das Erzählen biblischer Tauf- und Gemeinschaftsgeschichten, durch das Eingehen auf die Bedeutungen verschiedener Taufsymbole (Wasser, Licht) oder aber durch die konkreten Vorbereitungen für die Taufe in diesem Gottesdienst (Einüben der Erzählpantomime zur Kindersegnungsgeschichte; Herstellung des Taufkleides etc.).

Wir wollten dadurch versuchen, den Kindern ein Stück weit anschaulich zu machen, daß es bei der Taufe um folgende wichtige Aspekte geht:

1. *Taufe hat mit Dankbarkeit zu tun.* Da sind Menschen, die sich darüber freuen, daß ein Kind geboren ist; die dafür dankbar sind, daß es in ihrer Mitte aufwachsen und groß werden darf.

2. *Taufe hat mit Liebe zu tun.* Sie bezeugt, daß wir und der Täufling von Gott bedingungslos geliebt sind. Und dieser Gott, der ja selbst die Liebe genannt wird, erklärt uns in der Taufe seine Liebe und ruft uns bei unserem Namen.

3. *Taufe hat mit Freundschaft zu tun.* Gott schließt sozusagen durch die Taufe einen Freundschaftsbund mit uns Menschen. Er will uns mit seinem Segen begleiten auf allen Wegen und Umwegen des Lebens.

4. *Taufe hat mit Gemeinschaft zu tun.* Sie ist Aufnahme des Kindes in die christliche Gemeinde, in den Leib Christi.
Durch die Beteiligung vieler, der Tauffamilie, der Erzieherinnen und Kinder, hatte dieser Gottesdienst einen sehr fröhlichen und ungezwungenen Festcharakter.

2. Ablauf des Gottesdienstes

- Wir finden uns in Gottes Namen zusammen
  - Wir werden begrüßt
  - Wir singen ein Lied
  - Wir erfahren etwas über die Tauffamilie
  - Wir singen ein Lied
  - Wir stimmen uns auf das Thema ein
  - Wir singen ein Lied
- Wir hören Gottes Botschaft
  - Wir hören das Kinderevangelium
  - Wir singen ein Lied
- Wir lassen das Gehörte nachwirken
  - Wir erleben eine Taufe
- Wir lassen uns von Gott senden
  - Wir beten das Vater Unser
  - Wir singen ein Lied
  - Wir werden gesegnet

3. Durchführung

1. Wir finden uns in Gottes Namen zusammen

(Vor dem Altarraum, in dem die Taufe und das biblische Spiel stattfinden, haben wir zuvor einen Stuhlhalbkreis für alle mitfeiernden Kinder und Erwachsenen gebildet, damit alle das gottesdienstliche Geschehen mit der Taufe gut verfolgen können.)

1.1 Wir werden begrüßt

(Die Begrüßung spricht der Pfarrer.)
Ich begrüße euch alle, groß und klein, heute nachmittag hier in unserer Kirche ganz herzlich. Ich freue mich, daß wir jetzt zusammen einen ganz besonderen Gottesdienst feiern können. Denn in diesem Gottesdienst wollen wir *(Namen des Kindes einfügen)* aus der Gruppe *(Namen der Gruppe einfügen)* taufen.
Taufe, das heißt: Gott sagt heute zu *(Name des Täuflings)*: Du, ich habe dich ganz fest in mein Herz geschlossen. Ich habe dich sehr lieb. Und mit

deiner Taufe heute verspreche ich dir, daß ich dich mit meiner Liebe ein Leben lang begleiten möchte. Und weil das so ist, darum feiern wir heute ein Fest, ein Gottesdienstfest, ein Tauffest. Darum haben wir auch heute Gäste unter uns. Es sind die Eltern und Paten von *(Name des Täuflings)*. Die werden sich uns aber gleich noch vorstellen.
Gott segne nun unser Feiern, unser Singen, unser Beten, unser Hören und unser Danken. Er segne *(Name des Täuflings)* und uns alle, die wir hier zusammen sind.

1.2 Wir singen das Lied: »Gott, der Herr, lädt uns ein«, 1. Strophe

Text und Melodie: © Jürgen Gauer

(Die Strophe wird von den Kita-Kindern, der Refrain wird von allen gesungen.)

1.3 Wir erfahren etwas über die Tauffamilie

(Im Folgenden haben sich die Eltern und Paten des Täuflings den Kindern auf eine schöne, anschauliche Weise bekanntgemacht. Dazu haben sie in die Mitte des Stuhlkreises ein großes Kinder-Spielhaus plaziert, in das die Eltern und Paten nacheinander »hineingestiegen« sind, um sich dann den Kindern mit ein paar kurzen Versen vorzustellen nach dem Motto: »Mit uns lebt (Name des Täuflings einfügen) unter einem Dach«.)

1.4 Wir singen das Lied: »Gott, der Herr, lädt uns ein«

(Diese Strophe singen Eltern und Paten; der Refrain wird von allen gesungen.)

2. Schön, daß wir hier zusammen sind,
halle-, halle-luja.
Daß heut getauft wird unser Kind,
halle-, halle-luja.

Refr.: Gott, der Herr, lädt uns ein,
drum laßt uns alle fröhlich sein.
Gott, der Herr, lädt uns ein,
drum freut euch alle, groß und klein.

1.5 Wir stimmen uns auf das Thema (die Taufe) ein

(Die einleitenden Worte spricht der Pfarrer; die kurzen Texte zu den Taufsymbolen bzw. den Taufgegenständen sprechen die jeweiligen Kinder bzw. Erzieherinnen. Taufkerze, Bibel etc. werden auf einen kleinen Tisch neben das Taufbecken gestellt.)

Liebe Kinder! Liebe Erwachsene! Um *(Name des Täuflings)* gleich zu taufen, benötigen wir verschiedene Dinge und Gegenstände. Einige von euch haben ja schon einmal eine Taufe hier in der Kirche gesehen. Wißt ihr noch, was man für eine Taufe alles braucht? *(Kinder antworten lassen.)* Ein paar Kinder haben, zusammen mit den Erzieherinnen, Gegenstände vorbereitet und besorgt, die wir gleich für die Taufe benötigen. Wir wollen sie uns einmal anschauen.

- *(Zwei Erzieherinnen stellen das* **Taufbecken** *in die Mitte des Altarraumes und sagen:)* Alle Kinder, die hier in der Kirche getauft werden, werden über dieses Taufbecken gehalten. Bei *(Name des Täuflings)* wird das gleich sein Vater tun.
- *(Zwei Kinder bringen* **Blumen**, *die sie auf den äußeren Beckenrand legen. Sie sagen:)* Mit diesen Blumen aus unserem Garten wollen wir das Taufbecken für die Taufe schmücken.
- *(Eine Erzieherin stellt eine Kanne mit* **Wasser** *auf den Tisch und spricht:)* Ich bringe eine Kanne mit Wasser. Wasser löscht unseren Durst; es reinigt und erfrischt uns. Ohne Wasser können wir nicht leben. Wir brauchen es so nötig wie die Liebe der Eltern und die Liebe Gottes. Daran will uns das Taufwasser erinnern.
- *(Ein Kind bringt eine* **Taufkerze**, *stellt sie auf den Tisch und sagt:)* Jesus ist das Licht der Welt. Er hat das Leben von vielen Menschen hell gemacht. Sein Licht der Liebe soll auch für *(Name des Täuflings)* leuchten. Das will uns diese Kerze sagen.
- *(Eine Erzieherin legt eine* **Bibel** *auf den Tisch und sagt:)* Ich lege eine Bibel auf den Tisch. In der Bibel finden wir alle Geschichten von Gott und von seinem Sohn Jesus Christus. Aus der Bibel werden wir auch gleich bei *(Name des Täuflings)* seiner Taufe ein Wort von Gott zusprechen.
- *(Ein Kind stellt ein* **Kreuz** *auf den Tisch und sagt:)* Immer wenn wir ein Kreuz sehen, denken wir an Jesus Christus. Er hat gesagt: »Laßt alle Kinder zu mir kommen«.
- *(Eine Erzieherin hält ein* **Taufkleid** *in der Hand und sagt:)* In der Bibel (Röm. 13,14; Gal. 3,27) heißt es, wer getauft ist, der zieht die Liebe Gottes an wie ein Kleid. Möge Gottes Liebe *(Name des Täuflings)* umhüllen und umgeben wie dieses Taufkleid, das wir für *(Name des Täuflings)* gemacht haben.

(Das Taufkleid haben die Erzieherinnen selbst geschneidert, und die Kinder aus der Gruppe des Täuflings haben es mit Taufsymbolen und Blumen bemalt. Während dem Täufling das Taufkleid angezogen wird, singen alle anderen das nachfolgende Lied.)

1.6 Wir singen das Lied: »Laßt die Kinder zu mir kommen«

Text: © Karl Ludwig Höpker
Melodie: © Wim ter Burg

2. Laßt die Menschen zu mir kommen her auf allen Wegen.
Laßt die Menschen zu mir kommen, wehrt euch nicht dagegen.
Denn es werden in mein Reich alle aufgenommen,
wenn sie einem Kinde gleich voll Vertrauen kommen.

2. Wir hören Gottes Botschaft

2.1 Wir hören und sehen das Kinderevangelium

(Die nachfolgende, pantomimisch gestaltete Erzählung des sog. Kinderevangeliums (Markus 10,13–16) ist vorbereitet worden von den Erzieherinnen und den Kindern der Kindergartengruppe, zu der auch unser Täufling gehört. Der Erzähltext, von einer Erzieherin gesprochen, wird mit sparsamer Gestik von den Kindern dargestellt. Mit jeweils einem einfachen Umhang kostümiert werden die Jesusdarstellerin (eine Erzieherin) und die mitwirkenden Jünger (5–6 Kinder); die zu Jesus kommenden Kinder sind nicht weiter kostümiert.)

Liebe Kinder! Ich möchte euch nun eine Geschichte aus diesem Buch hier *(Die Erzieherin nimmt die Bibel, die am Taufbecken liegt, in die Hand.)* aus der Bibel erzählen. Eine Geschichte von Jesus und seinen Jüngern und – von ganz vielen Kindern. Hört und seht.

Es ist ein wunderschöner Tag, als Jesus mit seinen Jüngern in die Stadt kommt. *(Jesus und die Jünger ziehen in den halboffenen Stuhlkreis ein.)* Jesus möchte den Menschen, die hier leben, von Gott erzählen. *(Jesus nimmt eine predigende Haltung ein.)* Er möchte ihnen sagen, daß Gott alle Menschen lieb hat, egal, ob sie groß oder klein sind, fröhlich oder traurig. Nicht weit entfernt von der Stelle, wo Jesus predigt, spielen Kinder auf der Straße. *(Kinder werfen sich pantomimisch Bälle zu.)* Sie sind fröhlich und ausgelassen. Plötzlich ruft ein Kind: »Guckt mal, da hinten der fremde Mann? Wer das wohl ist? Was der wohl den Großen sagt? Kommt, wir laufen mal hin!« *(Die Kinder bewegen sich auf Jesus zu.)* Bald sind sie ganz nah bei Jesus. Doch – was ist das? Als die Jünger die Kinder sehen, da stellen sie sich wie eine Mauer vor Jesus hin. *(Die Jünger bauen sich vor Jesus auf und machen abwehrende Handbewegungen.)* Die Jünger sagen den Kindern: »Geht weg. Ihr stört Jesus nur. Ihr versteht ja doch nichts von dem, was er den Erwachsenen von Gott erzählt. Also, schert euch wieder weg. Spielt weiter und laßt Jesus in Ruhe.«

Die Kinder sind enttäuscht. Und als sie gerade gehen wollen, da hören sie, wie Jesus zu seinen Jüngern sagt: *(Jesus wendet sich den Jüngern zu.)* »Macht bitte Platz. *(Die Jünger treten zur Seite.)* Schickt die Kinder nicht

weg. Laßt sie zu mir kommen. Sie sind nicht zu klein. Gott hat sie lieb und ich auch. Ich finde es schön, daß sie da sind. Und – seht einmal, wie sehr sich diese Kinder freuen können. Wie gerne sie sich Liebe schenken lassen. Da könntet ihr viel von lernen.« Beschämt treten die Jünger zur Seite *(Die Jünger treten zur Seite.),* und die Kinder laufen auf Jesus zu.
(Die Kinder gehen ganz nah an Jesus heran.) Ganz nah wollen sie bei ihm sein. Und Jesus? *(Jesus wendet sich den Kindern zu und nimmt sie in die Arme und segnet sie.)* Er sagt zu den Kindern: »Schön, daß ihr da seid.« Und er schaut sie voller Güte an. Er nimmt sie in den Arm. Dann legt er jedem Kind seine Hände auf den Kopf und spricht: »Gott begleite dich auf allen Wegen mit seinem Segen. Gottes Friede sei mit dir.«
Als die Kinder sich von Jesus verabschieden *(Die Kinder winken Jesus zu.)*, da sind sie ganz glücklich und fröhlich. Und ein Kind ruft: »Jesus hat alle Kinder lieb. Mich und dich und auch *(Name des Täuflings)*.«

3. Wir lassen das Gehörte nachwirken und erleben eine Taufe

3.1 Wir singen das Lied: »Alle Kinder dieser Erde« (Strophe 1)

Text und Melodie: Gerhard Mellinghoff
aus: ders. (Hg.), »Die Taufe. Reihe Dienst am Wort«, Bd. 53

3.2 Hinführung zur Taufe

Liebe Eltern und Paten! Liebe Erzieherinnen und Kinder! Nun ist es soweit. Wir wollen *(Name des Täuflings)* taufen. Wir wollen ihn über das Taufbecken halten. Wir wollen ihm etwas Wasser über seine Stirn gießen. Wir wollen ihm ein Wort aus der Bibel, ein Wort von Gott zusprechen. Und wir wollen ihn segnen.

Und wenn wir *(Name des Täuflings)* taufen, dann heißt das: Wir wollen Gott danken, daß *(Name des Täuflings)* geboren ist. Wir wollen Gott danken, daß seine Eltern ihn ganz doll lieb haben und ihn ganz fest ins Herz geschlossen haben. Und wir freuen uns auch darüber, daß Gott heute mit der Taufe zu *(Name des Täuflings)* sagt: »Du, es ist schön, daß du auf der Welt bist. Und ich verspreche dir: Ich will bei dir sein auf allen Wegen, die du gehen wirst. Ich will dir dabei helfen, die Menschen zu lieben. Ich will dein Freund sein in allen Tagen deines Lebens, in den fröhlichen und in den schweren Tagen. Darauf kannst du dich verlassen.«

3.3 Wir wollen für den Täufling beten

(Den ersten Teil des Gebetes (I) sprechen die Eltern; Teil II sprechen die Paten; und Teil III die Erzieherinnen.)

I. Lieber Gott.
Es ist wunderbar, daß *(Name des Täuflings)* unter uns lebt.
Es ist schön, daß *(Name des Täuflings)* unter uns aufwachsen und groß werden darf.
Mit der Taufe gehört er zu Dir, wie wir auch.

II. Nun bitten wir Dich, Gott:
Umhülle *(Name des Täuflings)* mit Deiner Liebe wie mit einem warmen Mantel.
Wenn er traurig ist, laß immer jemand bei ihm sein, der ihm die Tränen trocknet.
Wenn er fröhlich ist, dann laß sein Lachen auch auf andere überspringen.
Wenn er sich allein fühlt, laß ihn immer eine Hand finden, nach der er greifen kann.

III. Und vor allem, lieber Gott, sei Du immer für *(Name des Täuflings)* da, wie ein guter Freund,
der ihn in den Arm nimmt und zu ihm sagt:
»*(Name des Täuflings)*, ich habe dich sehr lieb. Du kannst mir vertrauen. Du kannst mir alles anvertrauen. Ich bin bei dir alle Tage, in Freude und in Klage.«
So möge es sein. Amen.

3.4 Wir singen das Lied: »Alle Kinder dieser Erde« (2. Strophe)

Gott ruft Menschen durch die Taufe
in sein großes Volk hinein.
Ist zu allen wie ein Vater,
seine Kinder soll'n wir sein.

3.5 Tauffrage an Eltern und Paten

Und nun frage ich euch, liebe Eltern und Paten:
Wollt ihr, daß *(Name des Täuflings)* gleich auf den Namen Gottes getauft wird?
Wollt ihr mithelfen, daß er es lernt, Gott und die Menschen zu lieben?
Wollt ihr ein Leben lang für euer Kind dasein und ihm dabei helfen, Mensch als Mit-Mensch zu werden?, so antwortet:
»Ja, das wollen wir, mit Gottes Hilfe.«

3.6 Taufakt

(Vor dem Taufakt schütten drei Erzieherinnen nacheinander etwas Wasser aus der Kanne ins Taufbecken und äußern währenddessen einen guten Wunsch für das Leben des Täuflings. Es folgt der eigentliche Taufakt mit Taufbefehl, Tauffomel, dreimaligem Wasserübergießen, dem Zuspruch des Taufwortes, der Bezeichnung des Täuflings mit dem Kreuzzeichen und möglichen weiteren ortsüblichen liturgischen Bräuchen, wie beispielsweise der Hefata-Handlung. Danach wird die Familie gesegnet:)
Gott, der euer Vater und euer Freund ist, segne euch.
Er leite und begleite euch auf allen Wegen und Umwegen des Lebens.
Er rüste euch aus mit der Kraft zu glauben, zu hoffen und zu lieben.
Er zeige euch immer wieder Wege und Worte zum Frieden untereinander.
Gott sei bei euch und in euch, damit ihr auch für andere zum Segen werdet.
(Im Anschluß an die Taufhandlung werden den Eltern und Paten die Tauf- bzw. Patenurkunden überreicht. Als Taufgeschenk unserer Kirchengemeinde erhält bei uns an dieser Stelle jeder Täufling ein paar gehäkelte Schühchen; damit wollen wir symbolisch zum Ausdruck bringen, daß wir als Gemeinde den Täufling bei seinen Schritten ins Leben begleiten möchten.)

3.7 Lied und Wunschstrauß der Kinder für den Täufling

(Das nachfolgende Lied singen die Kindergarten-Kinder für den Täufling. Es ist sozusagen, zusammen mit dem Wunschstrauß, »ihr Taufgeschenk«. Der Liedtext wird auf die bekannte Melodie des Geburtstagskanons »Viel Glück und viel Segen« gesungen. Bevor die Kinder das Lied

anstimmen, wird eine mit Efeu bepflanzte Tonschale in die Kreismitte gestellt. In diese Efeuschale stellt jedes Kind nun seine selbstgebastelte Blume hinein und nennt seinen Wunsch für den Täufling. Einige der genannten Wünsche werden dann immer von der nachfolgenden Liedstrophe aufgenommen.)

1. Kind: »Ich wünsche *(Name des Täuflings)* ganz viel Glück.«
2. Kind: »Ich wünsche, daß er immer gesund bleibt.«
3. Kind: »Ich wünsche ihm, daß er immer fröhlich ist.«

1. Viel Glück und viel Segen auf all deinen Wegen,
Gesundheit und Frohsinn sei auch mit dabei.

4. Kind: »Ich wünsche *(Name des Täuflings)*, daß seine Eltern ihn immer lieb haben.«
5. Kind: »Ich wünsche ihm, daß ihm die Sonne scheint.«
6. Kind: »Ich wünsche ihm, daß er viel lacht.«

2. Viel Liebe der Eltern, viel Sonne im Herzen,
und oft auch ein Lachen auf seinem Gesicht.

7. Kind: »Ich wünsche *(Name des Täuflings)*, daß er Tiere gerne hat.«
8. Kind: »Ich wünsche ihm, daß er oft verreist.«
9. Kind: »Ich wünsche ihm ganz viele Freunde.«

3. Viel Freunde soll er haben in seinem Leben,
und auch ferne Länder soll er sich anseh'n.

10. Kind: »Ich wünsche *(Name des Täuflings)*, daß er schöne Spielsachen hat.«
11. Kind: »Ich wünsche ihm einen ganz schönen Traum.«
12. Kind: »Ich wünsche ihm einen Garten mit vielen bunten Blumen.«

4. Viel Blumen für dein Leben und herrliche Träume,
und daß Gott dich behüte, das wünschen wir dir.

4. Wir lassen uns von Gott senden

4.1 Wir beten das Vater Unser

4.2 Wir singen das Lied: »Ich bin bei euch alle Tage«

Text und Melodie: © Wolfgang Longardt

4.3 Wir werden gesegnet

Wenn ihr jetzt geht, dann geht mit Gott.
Er sei um euch, wenn ihr fröhlich und auch, wenn ihr traurig seid.
Er behüte euch und eure Familien und Freunde.
Er möge euch nicht aus den Augen verlieren, wohin ihr auch geht.
Er schenke uns und (Name des Täuflings) seinen Frieden und seinen Segen –
heute und an allen Tagen unseres Lebens.
Amen.

4. Hinweise zur Vorbereitung des Gottesdienstes

- **Folgende Utensilien müssen besorgt werden:**

Da die Tauffeier in unserer Kirche stattgefunden hat, mußten die von den Kindern und Erzieherinnen vorgestellten und für die Taufe benötigten Gerätschaften (z.B. Taufbecken, Taufkanne etc.) und Gegenstände (z.B. Bibel) nicht erst besorgt werden. Eine Ausnahme waren die Blumenblüten, mit denen die Kinder den Taufbeckenrand geschmückt haben.
Für die Gewänder der Mitspieler bei der Erzählung von der Kindersegnung haben wir auf (ausrangierte) Bettlaken zurückgegriffen, wobei sich das Gewand des Jesusspielers farblich von den Jüngergewändern absetzte.

Das Taufkleid wird aus hellem Nesselstoff zugeschnitten; für die Bemalung des Taufkleides verwendet man am besten Textilfarben und dicke Filzstifte. Für den »Wunschstrauß« der Kinder benötigen wir eine Tonschale, Blumenerde und Efeugewächse. Die selbstgebastelten Blumen der Kinder, die in diese Schale hineingesteckt werden, sind aus buntem Kreppapier; als Blumenstengel dienten Holzstäbe, die mit grünem Krepp umwickelt sind.

- **Folgende Dinge müssen hergestellt werden:**

Zum einen die Gewänder für die Mitspieler der biblischen Geschichte von der Kindersegnung. Desweiteren haben die Erzieherinnen das Taufkleid aus Nesselstoff zugeschnitten und vernäht. Die Kinder haben es dann mit Textilfarbe und dicken Filzstiften mit Blumen und anderen Symbolen, wie z.B. einer Sonne (für Gott), bemalt.

E. Siehe, ich verkünde euch große Freude (Advent / Weihnachten)

Grüner Kranz mit roten Kerzen

1. Hinweise zur Feier des Gottesdienstes

Seit Anfang Dezember hing ein großer Adventskranz im Eingangsbereich unserer Kindertagesstätte. Natürlich erweckte er großes Interesse unter den Kindern, die genau wissen wollten, was das für ein Kranz ist, warum man so einen Kranz aufhängt etc. Aus diesen und anderen Fragen der Kinder geboren, wurde so der Adventskranz zum beherrschenden vorweihnachtlichen Thema in unserer Einrichtung. Neben vielen Liedern, Geschichten und Spielen, die in der Adventszeit in den einzelnen Gruppen dazu Raum griffen, wurde auch der Gottesdienst vor den Weihnachtsferien in der Kirche rund um das Thema »Adventskranz« gestaltet.
Für diesen Gottesdienst, zu dem auch die Kindergarteneltern eingeladen waren, haben wir einen großen, zum Altarraum hin offenen Stuhlhalbkreis gebildet. Innerhalb dieser großzügigen Aktionsfläche wurden im Verlauf des Gottesdienstes der Adventskranz gestaltet und das Spiel vom »lebendigen Adventskranz« aufgeführt.

2. Ablauf des Gottesdienstes

- Wir finden uns in Gottes Namen zusammen
  - Wir werden begrüßt
  - Wir gestalten einen Adventskranz
  - Wir beten
  - Wir singen ein Lied
- Wir hören die Geschichte vom Adventskranz
  - Wir hören die Geschichte: »Wie der Adventskranz entstand«
  - Wir singen ein Lied
- Wir lassen das Gehörte nachwirken
  - Wir sehen das Adventsspiel: »Der lebende Adventskranz« und singen dazu das Lied: »Wir haben einen grünen, grünen Kranz«
- Wir lassen uns von Gott senden
  - Wir gestalten ein Gebet
  - Wir beten das Vater Unser
  - Wir singen ein Lied
  - Wir werden gesegnet

3. Durchführung

1. Wir finden uns in Gottes Namen zusammen

1.1 Wir werden begrüßt

(An der Kirchentür werden die Kinder und ihre Eltern von zwei Erziehe rinnen begrüßt. Dazu erhält jedes Kind einen kleinen Tannenzweig, verbunden mit dem Hinweis, daß wir im Verlauf des Gottesdienstes noch etwas mit diesem Zweig vorhaben. Bis alle auf ihren Stühlen Platz genommen haben, hören wir im Hintergrund leise, meditative Querflötenmusik. Dann wird das Licht etwas abgedunkelt, und der Pfarrer spricht die Begrüßung:)
Liebe Kinder, liebe Eltern! Ich begrüße euch alle ganz herzlich zu diesem Gottesdienst hier in der Kirche. Wir wollen jetzt zusammen Advent feiern. Wir wollen miteinander spielen, beten und singen, weil wir uns darüber freuen, daß Jesus Christus zu uns Menschen kommt. Ein Zeichen unserer Freude sind die Kerzen, die in der Adventszeit überall angezündet werden. *(Der Pfarrer zündet eine Kerze an.)* Schön, wie die Kerze leuchtet, nicht wahr? Wie die kleine Flamme hin und her tanzt? Wie sie einen hellen Lichterschein um sich herum verbreitet. – Wir wollen uns das Licht der Kerze einen kurzen Augenblick anschauen *(kleine Pause)*.
Liebe Kinder! Jede Kerze, die wir in der Advents- und Weihnachtszeit anzünden, erinnert uns an Gottes Sohn, an Jesus Christus. Er ist das Licht der Welt. Er hat vielen Menschen geholfen. Er hat viele Menschen gesund gemacht. Er hat vielen Menschen von Gottes Liebe erzählt und so Licht in ihr Leben gebracht. Jesu Licht der Liebe möge auch in unsere Herzen scheinen, damit wir uns gut verstehen und lieb miteinander umgehen – jetzt im Gottesdienst und auch danach, wenn wir wieder im Kindergarten oder zu Hause sind.

1.2 Wir gestalten einen Adventskranz

(Dem Text des Liedes »Zeig den Tannenzweig« folgend, gestalten die Kinder nun gemeinsam nach der 3. Liedstrophe einen Adventskranz. Dazu legen sie ihre Tannenzweige auf eine zuvor mit einem Kreidestrich aufgezeichnete Kreislinie (Durchmesser ca. 1 m) im Altarraum.)

1.2.1 Wir gestalten mit Tannenzweigen einen Kranz und singen das Lied: »Zeig den Tannenzweig«

Text und Melodie: © Jürgen Gauer

(Während dieser Strophe heben die Kinder ihren Tannenzweig hoch.)

2. Schwenk, schwenk den Tannenzweig,
zeigst, daß Gott die Welt erhält.
Schwenk, schwenk den Tannenzweig,
Gottes Sohn kommt in die Welt.

(Während dieser Strophe winken sich die Kinder mit dem Tannenzweig zu.)

3. Leg, leg den Tannenzweig
nun in uns're Mitte rein.
Leg, leg den Tannenzweig,
wird ein grüner Kranz dann sein.

(Nach dieser Strophe legen die Kinder ihren Tannenzweig auf die vorgezeichnete Kreislinie im Altarraum, so daß ein grüner Kranz entsteht.)

1.2.2 Wir stellen vier Kerzen in den Adventskranz

(Nun betreten nacheinander vier Kinder die Aktionsfläche. Sie haben eine Kerze in der Hand. Nachdem jedes Kind seinen Vers aufgesagt hat, stellt es die Kerze in den vorbereiteten Ständer auf unserem Adventskranz.)

1. Kind: Ich bring' die erste Kerze her,
ihr Schein erfreu' die Herzen sehr.
Seht, wie schön die Kerze brennt,
Licht für uns, Licht im Advent.

2. Kind: Hier kommt die zweite Kerze schon,
sie weist uns hin auf Gottes Sohn.
Das ist der Herre Jesus Christ,
der in die Welt gekommen ist.

3. Kind: Ich zünd' die dritte Kerze an,
ein Licht des Friedens für jedermann.
Es leuchte hell in jedes Herz,
es heile Tränen, Kummer, Schmerz.

4. Kind: Ich bring' die vierte Kerze rein,
Hoffnung und Freude verbreite ihr Schein.
Seht, wie schön die Kerze brennt,
Licht für uns, Licht im Advent.

1.3 Wir beten

Guter Gott.
Wir feiern Advent. Wir freuen uns, daß Du uns lieb hast und an uns denkst.
Wir feiern Advent. Wir freuen uns, daß Jesus Christus uns ganz nahe ist.
Wir feiern Advent. Wir zünden Kerzen an und freuen uns an ihrem Schein.
Die Kerzen – sie erinnern uns an Jesus Christus.
Er war für viele Menschen wie ein Kerzenlicht.
Wie ein Licht, das in der Dunkelheit leuchtet.
Wie ein Licht, das den Weg weist.
Wie ein Licht, das Freude schenkt.
Herr Jesus, laß Dein Licht der Liebe auch in unser Leben scheinen. Dann wird es gut. Amen.

1.4 Wir singen das Lied: »Eine schöne Zeit bricht an«

Text und Melodie: © Jürgen Gauer

2. Eine schöne Zeit bricht an, wir freuen uns so sehr.
Öffnet eure Herzen weit, es kommt zu uns der Herr.
Öffnet eure Herzen weit, es kommt zu uns der Herr.

3. Eine schöne Zeit bricht an, wir freuen uns so sehr.
Frieden kehrt nun bei uns ein, es kommt zu uns der Herr.
Frieden kehrt nun bei uns ein, es kommt zu uns der Herr.

2. Wir hören die Geschichte vom Adventskranz

2.1 Wir hören die Geschichte: »Wie der Adventskranz entstand«

(Diese Geschichte wird vom Pfarrer erzählt, der sich im Verlauf der Erzählung in Pfarrer Johann Hinrich Wichern »verwandelt«.)
Liebe Kinder! Ich möchte euch gerne ein kleines Adventsrätsel weitersagen. Ihr könnt alle mitraten. Wer die Lösung weiß, der ruft sie mir einfach zu. Also, aufgepaßt, das Rätsel lautet so:

In der Adventszeit stehe ich oft auf dem Tisch.
Aus Zweigen geflochten. Ich dufte so frisch.
Mit roten Bändern bin ich geschmückt.
Von meinen Kerzen ist jeder entzückt.
Zuerst brennt eine, dann zwei, drei, vier.
Und dann steht das Christkind vor der Tür.
Nun rate geschwind.
Wer bin ich, Kind?
(Die Kinder rufen laut: »Adventskranz«)

Ja. Richtig geraten. Es ist der Adventskranz. Und einen besonders schönen, großen Adventskranz haben wir ja zu Beginn unseres Gottesdienstes alle zusammen mit unseren Tannenzweigen hier auf den Boden gelegt. Jetzt möchte ich euch gerne einen Mann vorstellen. Und zwar den Mann, der den Adventskranz sozusagen »erfunden« hat. Dazu verkleide ich mich ein wenig.
(An dieser Stelle setzt sich der Pfarrer eine Perücke und ein Barett auf, zieht seinen Talar an und legt anstelle des Beffchens eine, aus Papier gebastelte (Hamburger) »Krause« um den Hals.)
So, jetzt bin ich nicht mehr euer Pfarrer, sondern ein anderer Mann. Mein Name lautet jetzt: Pastor Wichern. *(Die Kinder wiederholen den Namen im Sprechchor, damit er sich ein wenig »setzt«.)* Also Kinder, ich lebte vor vielen Jahren in Hamburg. Das ist eine große Hafenstadt.

Zu meiner Zeit, da ging es den meisten Menschen in Hamburg schlecht. Sie mußten hungern, weil es kaum noch etwas zu essen gab. Sie mußten frieren, weil es keine Kohlen mehr gab. Sie mußten betteln gehen, um ein Stück Brot. Ja, es herrschte große Not. Und vor allem die Kinder, die waren ganz arm dran. Viele Kinder hatten kein Zuhause. Sie mußten hungern. Sie hatten kaum etwas anzuziehen.

Doch zurück zu mir. Wißt ihr meinen Namen noch? *(Kinder antworten lassen und ihnen gegebenenfalls helfen.)* Ja richtig, ich bin Pastor Wichern. Ich lebte in Hamburg. In dieser großen Stadt, wo so viel Not war. Wo so viele Kinder keinen Menschen hatten, der sich um sie kümmerte. Daher beschloß ich, diesen armen Kindern zu helfen. Ich wußte auch schon wie. Denn ein reicher Mann hatte mir ein großes, altes Bauernhaus überlassen. In dieses Bauernhaus nahm ich nun viele arme Kinder auf. Und die Kinder – sie kamen gerne zu mir. Sie spürten, daß ich es gut mit ihnen meinte. Sie waren froh, endlich ein Dach über dem Kopf und genug zu essen zu haben. Ich brachte ihnen auch Schreiben und Lesen und viele andere Dinge bei.

In der Adventszeit, da habe ich jeden Tag mit den Kindern in dem großen Wohnzimmer des Bauernhauses gesessen. Ich habe Kerzen angezündet und den Kindern Geschichten von Jesus erzählt. Und wir haben auch gebetet und gesungen. Da fällt mir ein, ihr habt vorhin auch so ein schönes Lied gesungen. Es hieß »Eine schöne Zeit bricht an«. Wir wollen es noch einmal singen. *(Alle singen zusammen zwei Strophen des Liedes; s.o. unter 1.4.)*

Hallo, da bin ich wieder. Na, wie war noch mein Name? *(Kinder wieder antworten lassen und ihnen gegebenenfalls helfen.)* Richtig: ich bin Pastor Wichern, und ich möchte euch noch ein wenig von unseren Adventsgottesdiensten damals erzählen. Wie gesagt, wir haben uns dazu immer im Wohnzimmer des Bauernhauses getroffen. Und dann habe ich den Kindern Advents- und Weihnachtsgeschichten aus der Bibel erzählt. Zum Beispiel die Geschichte von der Geburt Jesu: von Josef und Maria, vom Stall und vom Kind in der Krippe.

Übrigens – über dem großen Tisch im Wohnzimmer, da hing immer ein runder Holzreifen, so groß wie ein Wagenrad. Dort stellten wir jeden Tag in der Adventszeit zu Beginn unseres Gottesdienstes eine Kerze drauf und zündeten sie an. Und dann hatten die Kinder noch eine schöne Idee. Sie schmückten nämlich den großen Holzreifen mit grünen Tannenzweigen. Ja, und fertig war der erste Adventskranz.

Vielen Leuten, die uns besuchten und die mit uns Gottesdienst feierten, gefiel unser Adventskranz so gut, daß sie sich auch bald einen Kranz aus Tannenzweigen zu Hause aufhängten. Und an jedem Adventssonntag

haben sie dann eine Kerze angezündet. Eine *(Die Kinder werden durch eine Handzählbewegung animiert, die Adventssonntage mitzusprechen.)* für den ersten Advent, eine für den zweiten Advent, eine für den dritten Advent und eine für den vierten Advent.
Liebe Kinder! Jetzt wißt ihr, daß der allererste Adventskranz im Wohnzimmer des Bauernhauses hing, in dem ich mit den Kindern in der Adventszeit Gottesdienste gefeiert habe. So, und jetzt schlüpfe ich wieder aus der Rolle des Pastor Wichern heraus *(Alle Utensilien wie Perücke, Barett, Talar und Halskrause werden wieder abgelegt.)* und bin nun wieder euer Pfarrer.
Übrigens: Ich finde es schön, daß es den Adventskranz gibt. Ich finde es schön, daß er heutzutage in fast allen Häusern und Kirchen zu finden ist. Ich finde es schön, daß das Licht seiner Kerzen uns an Jesus Christus erinnert, der einmal von sich gesagt hat: »Ich bin das Licht der Welt«. Amen

2.2 Wir singen das Lied: »Kerzen im Advent«

Text: Rolf Kreuzer / Melodie: Peter Janssens
aus: »Das Licht einer Kerze«, 1991

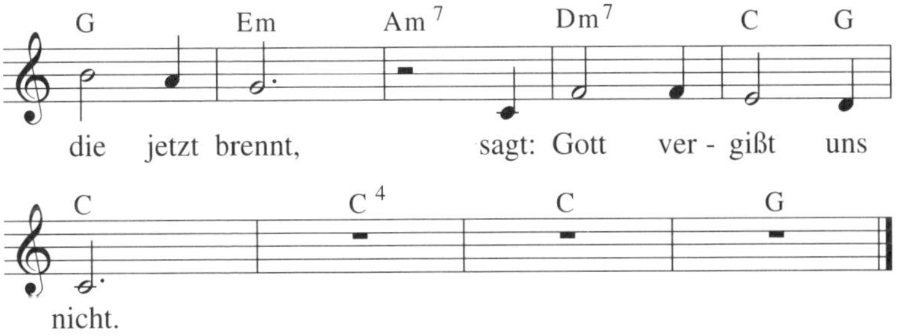

2. Grüner Kranz mit roten Kerzen.
   Wieder ist Advent.
   Kommt und öffnet eure Herzen,
   wenn die Kerze brennt!

3. Grüner Kranz mit roten Kerzen
   hier und überall.
   Kommt und öffnet eure Herzen
   für das Kind im Stall!

3. Wir lassen das Gehörte nachwirken

3.1 Wir sehen das Adventsspiel »Der lebende Adventskranz« (mit dem Lied »Wir haben einen grünen, grünen Kranz«)

Dieses Adventsspiel mit dem o.g. Lied stammt aus dem Buch »Weihnachten ist nicht mehr weit«, hg. von R.Krenzer, Limburg 1989[3], s. 70 f. Es ist vor allem auch schon für kleinere Kinder gut geeignet. Es können bis zu 25 Kinder mitspielen. Folgendes ist für das Spiel vorzubereiten: Pro Kind einen grünen Umhang aus Kreppapier oder Stoff (Sie kennzeichnen das Tannengrün des Kranzes.); vier rote Umhänge und vier gelbe, spitze Mützen oder Hüte (Sie kennzeichnen die brennenden Kerzen.); eventuell auch noch vier rote Mützen oder Hüte (Sie kennzeichnen dann die noch nicht brennenden Kerzen.).

Lied: »Wir haben einen grünen, grünen Kranz«

Text und Melodie: © Gertrud Lorenz
aus: »Singen und spielen«, Verlag Konrad Wittwer, Stuttgart

2. Wir haben einen grünen, grünen Kranz
mit vier roten, roten Kerzen.
Weil bald der Herr, der Herr Geburtstag hat,
freu'n wir uns von ganzem Herzen.

3. Wir haben einen grünen, grünen Kranz
mit vier roten, roten Kerzen.
Weil bald der Heil'ge, Heil'ge Abend kommt,
freu'n wir uns von ganzem Herzen.

Und wenn die zweite, zweite Kerze brennt …
Und wenn die dritte, dritte Kerze brennt …

(Zu diesem Lied gehört das nachfolgende Adventsspiel: »Der lebende Adventskranz«.)

1. Der lebende Adventskranz zieht ein: Die Kinder gehen mit angefaßten Händen. Die »Kerzen« sind gleichmäßig unter den »grünen Zweigen« verteilt. Vor dem »Anzünden« tragen sie alle ihre roten Mützen.
2. Zur Wiederholung des ersten Verses gehen die Kinder angefaßt im Kreis.

3. Wenn möglich, wird der Reigen zur nächsten Wiederholung des Liedes in anderer Form dargestellt, z. B. indem die Kinder ein- bis zweimal zur Kreismitte und wieder zurück gehen.
4. Die Kinder setzen sich auf den Boden, falls es viele sind, je zwei nebeneinander. Die »Kerzen« bleiben dazwischen stehen, oder es spielen vier größere Kinder mit, die auch im Sitzen deutlich größer sind.
5. Es kann sinnvoll sein, an dieser Stelle die erste Kerze am bereits stehenden Adventskranz aus Tannenreisig anzuzünden und dieses Geschehen mit dem »Anzünden« der lebenden »Kerzen« in Beziehung zu bringen: Ein Erwachsener nimmt einem Kind die rote Mütze ab und setzt ihm einen gelben, spitzen Hut auf.
6. Es wird nochmals der erste Vers gesungen. Zum Refrain klatschen alle. Es kann sich zu den beiden weiteren Versen ein Reigen wie zu Beginn anschließen.
7. Zum Auszug der Kinder summen alle das Lied nochmals. Eine Begleitung durch Instrumente ist erwünscht.

4. Wir lassen uns von Gott senden

4.1 Wir gestalten ein Gebet

(Dieses Gebet haben einige Eltern übernommen. Vor jeder Gebetsbitte hat die Mutter/der Vater eine Kerze entzündet und sie in den Adventskranz am Boden gestellt.)

Ich zünde die erste Kerze an.
Sie soll brennen für alle Kinder auf der Welt,
damit sie in Frieden und ohne zu hungern aufwachsen können.

Ich zünde die zweite Kerze an.
Sie soll brennen für alle Menschen, die traurig sind,
damit es in ihrem Leben wieder hell werde.

Ich zünde die dritte Kerze an.
Sie soll brennen für alle, die einsam sind und sich verlassen vorkommen,
damit sie Menschen finden, die auf sie zugehen und auf sie eingehen.

Ich zünde die vierte Kerze an.
Sie soll brennen für alle Menschen, die krank sind,
daß sie wieder gesund und froh werden.
Alle unsere Bitten, auch die unausgesprochenen,
wollen wir nun mit hineinnehmen in das gemeinsame Vater Unser.

4.2 Wir beten das Vater Unser

4.3 Wir singen das Lied: »Tragt in die Welt nun ein Licht«

(Dieses Lied findet sich in vielen Liedersammlungen; so z.B. in dem Liederbuch »Wenn du singst, sing nicht allein«; Patmos Verlag Düsseldorf 1990, Nr. 189.)

4.4 Wir werden gesegnet

Der Herr, unser Gott, segne uns die Lichter des Advents
und laß sie uns zu Zeichen seiner Liebe werden.

Er segne das Grün des Adventskranzes
und laß es uns zum Zeichen der Hoffnung werden.

Er segne uns diese Zeichen des Advents
und laß sie für uns zu einer Zeit des Friedens und der Freude werden.
Amen.

4. Hinweise zur Vorbereitung des Gottesdienstes

- **Folgende Utensilien müssen besorgt werden:**

Tannenzweige, die die Eltern und Kinder zur Begrüßung an der Kirchentür erhalten (für die Gestaltung des Adventskranzes). Kerzen für die unterschiedlichen gottesdienstlichen Elemente (Gebet, Spiel etc.). Eine Perücke, Barett, Talar und eine Halskrause (oder andere bzw. zusätzliche Utensilien) für die »Verkleidung« als Pastor Wichern bei der Ansprache. Für das Adventsspiel werden benötigt: grünes und rotes Kreppapier (für die Umhänge) und gelber und roter Karton (für die »Kerzen-Mützen«).

- **Folgende Dinge müssen vorbereitet werden:**

Die entsprechenden Teile für das Adventsspiel (Umhänge, Mützen). Ein Kreidekreis, auf den die Tannenzweige für den Adventskranz gelegt werden.

Laßt uns sehen, was in Heil'ger Nacht geschehen

1. Hinweise zur Feier des Gottesdienstes

Dieser Gottesdienst findet am letzten Tag vor den Weihnachtsferien der Kindertagesstätte statt. Er war eingebunden in einen größeren weihnachtlichen Kontext. So ging diesem Gottesdienst ein festliches Frühstück voraus; die Übergabe der Weihnachtsgeschenke (Spiele, Bilderbücher etc.) an die einzelnen Gruppen schloß sich an.
Nachdem in den letzten beiden Wochen vor den Weihnachtsferien in allen Gruppen durch biblische Geschichten, Lieder und kreatives Gestalten der »Weg nach Betlehem« vorbereitet und thematisiert worden war, bildete dieser Gottesdienst einen organischen Abschluß, indem er die Geburtsgeschichte sozusagen als Abschluß und Höhepunkt dieses Weges aufgriff und in kindgemäßer, anschaulicher Weise umzusetzen und zu transportieren versuchte.
Die Kirche war für diesen Gottesdienst bereits weihnachtlich geschmückt mit Tannenbäumen, selbstgebasteltem Christbaumschmuck der Kinder, der Weihnachtskrippe etc.

2. Ablauf des Gottesdienstes

- Wir finden uns in Gottes Namen zusammen
  - Wir legen Stroh in die Krippe
  - Wir zünden die Kerzen am Baum an
  - Wir werden begrüßt
  - Wir singen ein Lied
  - Wir beten
- Wir hören die Weihnachtsgeschichte
  - Wir singen ein Lied
  - Wir hören die Frohe Botschaft von Weihnachten
- Wir lassen das Gehörte nachwirken
  - Wir erleben das Weihnachtsspiel: »Die Tiere im Stall«
- Wir lassen uns von Gott senden
  - Wir singen ein Lied
  - Wir bringen unsere Bitten vor Gott
  - Wir beten das Vater Unser
  - Wir singen ein Lied
  - Wir werden gesegnet

3. Durchführung

1. Wir finden uns in Gottes Namen zusammen

1.1 Wir legen Stroh in die Krippe

(An der Kirchentür steht ein Korb mit Stroh. Die Kinder werden beim Eintreten gebeten, etwas Stroh aus dem Korb zu nehmen und in die Krippe im Altarraum zu legen. Dann setzen sich die Kinder in die Kirchenbänke.)

1.2 Wir zünden die Kerzen am Baum an

(Während einige der Kinder, assistiert von den Erzieherinnen, die (unteren) Kerzen am Weihnachtsbaum anzünden, hören wir ein meditatives Musikstück von einer Kassette. Wir lassen die Musik so lange spielen, bis die Kinder ein Stück weit zur Ruhe gekommen sind und sich mit ihren Sinnen auf die Atmosphäre im Raum eingestimmt haben. In die ausklingende Musik hinein begrüßt der Pfarrer die Kinder.)

1.3 Wir werden begrüßt

Als ihr gerade hier hereingekommen seid, hat jeder etwas Stroh in die Krippe gelegt. Wer ist denn auf Stroh in einer Krippe geboren worden? *(Kinder antworten.)* Richtig, Jesus wurde in dem kleinen Ort Betlehem in einem Stall in einer Krippe auf Stroh geboren. *(Eine Puppe wird in die Krippe gelegt.)* Das war vor langer, langer Zeit. Und jedes Jahr zu Weihnachten, da denken wir an seine Geburt. Und dann feiern wir ein Fest. Das Weihnachtsfest. Wir feiern ein Fest, weil wir uns freuen, daß Jesus geboren wurde. Wir feiern ein Fest, das Weihnachtsfest, weil Gott ein Mensch geworden ist. Ein Mensch, der vielen anderen Menschen geholfen hat.
In diesem Gottesdienst wollen wir Gott danken für die Geburt seines Sohnes Jesus Christus, und wir wollen singen, sehen und hören, was damals bei der Geburt geschah. Also, kommt mit mir nach Betlehem.

1.4 Wir singen das Lied: »Kommt zusammen«

Text und Melodie: © Jürgen Gauer

2. Kommt zusammen, folgt dem Stern,
geht zur Krippe, geht zum Herrn.
Er bringt Frieden Groß und Klein,
kommt und folgt dem Sternenschein.

3. Kommt zusammen, kommt doch all,
kommt nach Betlehem zum Stall.
Kommt und seht, was dort gescheh'n,
kommt, laßt uns zum Christkind geh'n.

1.5 Wir beten

Wir feiern Weihnachten.
Wir freuen uns darüber, daß Jesus geboren ist.
Er hat den Menschen Frieden gebracht und Freude.
Er hat vielen Menschen geholfen.
Er hat ihnen Mut gemacht, zu glauben und zu lieben.
Er hat Menschen getröstet und sie gesegnet.

Wir bitten Dich, Gott:
Laß uns und andere Menschen etwas von dieser Weihnachtsfreude erfahren.
Tröste uns, wenn wir traurig sind.
Laß uns Streit vermeiden.
Und vor allem:
Hilf all den Menschen, die krank, einsam oder betrübt sind.
Laß auch sie etwas von der Weihnachtsfreude spüren. Amen.

2. Wir hören die Weihnachtsgeschichte

2.1 Wir singen ein Lied

(An dieser Stelle wird noch einmal die 3. Strophe des Liedes »Kommt zusammen« gesungen.)

2.2 Wir hören die Frohe Botschaft von Weihnachten

Vor langer, langer Zeit, da regierte der Kaiser Augustus das große römische Reich. Eines Tages schickte der Kaiser Boten in alle Länder und Städte seines Reiches. Sie hatten einen Befehl von ihm zu verkünden. Und dieser Befehl lautete: »Jeder soll in seinen Heimatort ziehen, um sich dort zählen und in eine Steuerliste eintragen zu lassen.« Alle Bewohner des Reiches mußten dem Kaiser gehorchen, ob sie wollten oder nicht.
Auch Josef blieb nichts anderes übrig, als mit seiner Frau Maria in seine Vaterstadt zu ziehen. Die hieß Betlehem. Für sie beide wurde es eine beschwerliche Reise, denn Maria war schwanger. Bald sollte ihr Kind geboren werden. Und so kamen sie nur langsam voran. Immer wieder mußte Maria eine Pause machen. Endlich erreichten sie Betlehem.
Doch die Stadt war überfüllt. Alle Häuser, alle Wohnungen waren belegt. Wo Maria und Josef auch fragten, überall erhielten sie die gleiche Antwort: »Tut uns leid. Aber bei uns ist kein Zimmer mehr frei. Wir sind belegt.« Maria und Josef fragten und suchten weiter. Doch vergeblich. Schließlich fanden sie einen leeren Stall. Etwas Stroh bedeckte den Boden, und eine alte Futterkrippe stand in der Ecke. Hier konnten sie bleiben. Gott sei Dank.
Noch in derselben Nacht geschah es: Maria brachte ihr Kind zur Welt. Sie und ihr Mann Josef waren überglücklich über seine Geburt. Und Maria wickelte das Kind ganz zärtlich, ganz liebevoll in ein paar Windeln und legte es dann in die Futterkrippe. Noch wußte sie nicht, daß ihr Sohn einst den Menschen den Frieden und die Liebe Gottes bringen würde.

In dieser Nacht, da waren in der Nähe des Stalles Hirten auf einem Feld. Die hüteten dort ihre Schafherden. Besonders in der Nacht mußten sie sehr wachsam sein, damit nicht wilde Tiere ihre Herden überfielen. Für die Hirten war es eine Nacht wie jede andere. Doch plötzlich schreckten sie auf. Was war das?
Auf einmal riß der dunkle Nachthimmel über ihnen auf, und ein helles Licht leuchtete und umstrahlte sie. Und in dem Licht sahen die Hirten einen Engel, einen Boten Gottes. Die Hirten erschraken. Sie bekamen es mit der Angst zu tun. Was hatte das alles zu bedeuten?
Da sprach der Engel zu ihnen: »Habt keine Angst, ihr Hirten. Fürchtet euch nicht. Denn ich verkündige euch eine Freudenbotschaft, eine gute Nachricht von Gott. Heute nacht ist Gottes Sohn geboren. Er heißt Jesus. Und er wird den Menschen zeigen, was Gott unter Frieden und Liebe versteht. Darum freut euch: Euch ist heute in Betlehem der Retter geboren, der euch und alle Menschen freimachen und erlösen kann. Und daran könnt ihr den Gottessohn erkennen: Ihr werdet ein Kind finden, das in Windeln gewickelt ist. Und es liegt in einer Krippe auf Stroh.«
Und auf einmal, da sahen die Hirten noch viel mehr Engel am hell erleuchteten Himmel. Die freuten sich und sangen jubelnd: »Gott gebührt Lob, Dank und Ehre. Und den Menschen, die Gott vertrauen, wünschen wir Frieden.«
Gebannt schauten die Hirten zum Himmel. Voller Hoffnung hörten sie den frohen Gesang der Engel. Und auf einmal war alles wieder ruhig. Das helle Licht erlosch. Die Engel verschwanden. Die Finsternis der Nacht legte sich wieder auf die Felder. Und die Hirten sprachen zueinander: »Welch eine wunderbare Nachricht. Gottes Sohn ist geboren. Der Retter. Der Erlöser. Kommt, laßt uns nach Betlehem gehen. Wir wollen uns mit eigenen Augen ansehen, was der Engel uns verkündigt hat.«
Und die Hirten ließen alles stehen und liegen und eilten so schnell sie konnten nach Betlehem zum Stall. Und da lag es, das winzige Kind, in Windeln gewickelt und in einer Krippe. Aufgeregt und freudestrahlend erzählten die Hirten Maria und Josef, was sie auf dem Feld gesehen hatten und was der Engel zu ihnen von dem Kind gesagt hatte. Und Maria hörte ihnen zu und freute sich über die Worte, die der Engel von dem Kind gesagt hatte.

3. Wir lassen das Gehörte nachwirken

3.1 Wir erleben das Weihnachtsspiel: »Die Tiere im Stall«

(Dieses Krippenspiel ist eine Mischung aus Lied- und Textverkündigung. Im Verlauf des Spieles wurden nach und nach (als Flachpuppen gebastelte) Tiere um die bereits im Altarraum stehende Krippe herumdrapiert. Jedes Tier wird hereingetragen und erzählt bzw. singt, was es in der Heiligen Nacht erlebt hat. Zwischen den jeweiligen »tierischen Eindrücken« wird von allen das Lied »Auf dem Weg nach Betlehem« gesungen. Die kurze Hinführung zum Spielstück übernimmt der Pfarrer.)

Hinführung zum Spielstück:
Liebe Kinder! Wir haben gerade die Geschichte von der Geburt Jesu gehört. Wir haben gehört, was in der Heiligen Nacht geschehen ist. – Doch halt. Was höre ich denn da für Geräusche? Was ist denn das für ein Piepen und Blöken, für ein Muhen und Mähen? – Ich glaub', da draußen vor der Tür sind ein paar ganz besondere Gäste, die uns noch etwas von der Geburt Jesu weitersagen möchten. Ganz aufgeregt ist schon der Esel, der euch unbedingt als erster besuchen möchte. Wir wollen ihn hereinbitten mit dem folgenden Lied:

Lied: »Lasset uns zur Krippe gehen« (Strophe 1)

Text und Melodie: © Jürgen Gauer

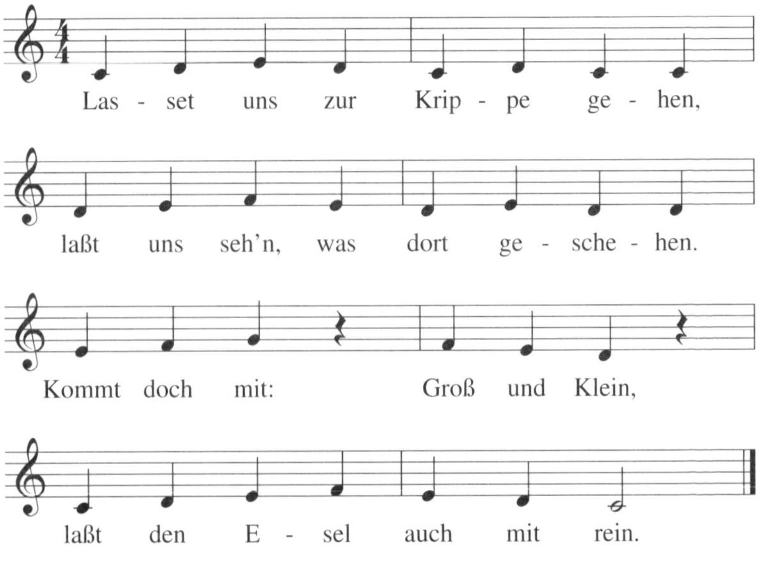

Esel: *(kommt herein, stellt sich an die Krippe und spricht:)* »Frohe Weihnachten, liebe Kinder! Ich bin der Esel Asinus. Ich möchte euch gerne sagen, was ich damals so alles erlebt habe. Und weil ich ein begeisterter Sänger bin, möchte ich euch meine Erlebnisse gerne vorsingen. Und immer, wenn ich I-A, I-A singe, dann singt ihr einfach mit. Okay?«

Lied: »Lied von Josefs Esel«

Text: Wolfgang Longardt / Melodie: Detlev Jöcker
aus: Buch, CD und MC »Hört ihr alle Glocken klingen«

2. Ich diente Josef Jahr für Jahr,
was wirklich oft sehr mühsam war,
hört, was vor langer Zeit geschah',
was ich mit eig'nen Augen sah.
I – a, i – a, i – a, i – a, i – a.

3. Der Kaiser gab einmal Befehl:
»Zählt alles Volk! Zählt gut und schnell!
Ein jeder sei dorthin geschickt,
wo er das Licht der Welt erblickt.«
I – a, i – a, i – a, i – a, i – a.

4. Obwohl Maria schwanger war,
mußten wir los in jenem Jahr,
auf meinem Rücken trug ich sie,
so vorsichtig, so sanft wie nie.
I – a, i – a, i – a, i – a, i – a.

5. Nach langem Weg und vieler Müh'
in Hitz'und Staub, bald spät, bald früh,
da fanden wir den Stall voll Stroh,
ich sage euch: Was war'n wir froh.
I – a, i – a, i – a, i – a, i – a.

6. Dann kam Marias stille Nacht,
sie hat das Kind zur Welt gebracht,
Maria deckte zart es zu,
es brauchte Wärme, Schutz und Ruh'.
I – a, i – a, i – a, i – a, i – a.

7. Mein warmer Atem blies es an,
ein Ochse trat auch dicht heran,
so ahnten Mensch und Tier vereint,
was Weihnachtsfrieden wirklich meint.
I – a, i – a, i – a, i – a, i – a.

8. Wo man einander Wärme schenkt
und an das Glück der andern denkt,
wo keiner sich verlassen meint,
auch heut' das Weihnachtslicht noch scheint.
I – a, i – a, i – a, i – a, i – a.

9. Ich, Josefs Esel, will nun geh'n,
wollt' hier nur nach dem Rechten seh'n,
wie man gemeinsam feiern kann,
nun übt es und fangt heute an.
I – a, i – a, i – a, i – a, i – a.

Lied: »Lasset uns zur Krippe gehen« (Strophe 2)
Lasset uns zur Krippe gehen,
laßt uns seh'n, was dort geschehen.
Kommt doch mit: Groß und Klein,
laßt den Ochsen auch mit rein.

Ochse: *(kommt herein, stellt sich an die Krippe und spricht:)* »Ein frohes Fest wünsche ich euch allen miteinander. Ich bin der Ochse Ferdinand. Es war mein Stall, in dem das Jesuskind geboren wurde. Ich erinnere mich noch ganz genau, wie sie damals in den Stall kamen: Maria auf dem Esel und Josef. Sie waren total erschöpft und müde. Kein Wunder nach der langen Reise, die sie hinter sich hatten.
Maria hat sich dann auch gleich auf einer Decke etwas ausgeruht. Und Josef, der hat die alte, kaputte Futterkrippe, die ganz hinten in der Ecke stand, notdürftig geflickt und etwas Stroh hineingelegt. Ich habe mich noch gefragt, warum er wohl diese alte Krippe wieder herrichtet, aber darüber muß ich wohl eingenickt sein, denn ich hatte einen harten Arbeitstag auf dem Feld hinter mir.
Doch auf einmal, da wurde ich richtig lautstark aus meinem Schlaf gerissen. Zuerst dachte ich, ich träume noch, aber es war tatsächlich ein neugeborenes Kind, das da schrie. Während ich geschlafen hatte, muß Maria das Kind geboren haben. Und wie sie strahlte, als sie das Kleine nun in ihren Armen wiegte! Ganz glücklich war sie, und Josef liefen ein paar Freudentränen über das Gesicht. Auch ich war sehr gerührt, und noch heute fühle ich das Herz in meiner Ochsenbrust fröhlich schlagen, wenn ich an diese Nacht denke, in der Jesus geboren ist.
Na ja, natürlich weiß ich jetzt auch, warum Josef die alte Krippe repariert hat; schließlich bin ich ja kein dummer Ochse.«

Lied: »Lasset uns zur Krippe gehen« (Strophe 3)
Lasset uns zur Krippe gehen,
laßt uns seh'n, was dort geschehen.
Kommt doch mit: Groß und Klein,
laßt das Schäfchen auch mit rein.

Schaf: *(kommt herein, stellt sich an die Krippe und spricht:)* »Guten Tag und schöne Weihnachten euch allen. Ich bin Fridolin, das Lämmlein. Also, ich muß euch sagen, was ich in der Heiligen Nacht erlebt habe, das kann einem schon bald die Sprache verschlagen.
Ich war schon mit den anderen Schafen aus meiner Herde im Gatter. Und auf einmal, da wurde es ganz hell am Himmel. Es war ein sehr warmes, ein ganz wunderschönes Licht, das sich über uns ausbreitete. Und auf einmal sah ich, wie ein Engel in diesem Licht erschien. Ich war wie geblendet und auch ein bißchen aufgeregt.
Und dann ließ der Engel seine Stimme erschallen. Die klang so wunderbar zart und wohltönend wie noch keine andere Stimme, die ich gehört habe. Dann sagte der Engel: »Heute ist Gottes Sohn geboren. Euer Hei-

land und Retter. Dieses Kind wird der Welt Frieden bringen, und ihr werdet es in Betlehem in einer Krippe finden.«
Ja, und dann ging alles sehr schnell. Jonathan, der Hirte, nahm mich auf seinen Arm, und wir sind auf dem schnellsten Wege, quer über die Felder, nach Betlehem gelaufen. Hin zum Stall. Hin zur Krippe. Hin zum Kind. Dann sah ich es. Und es war, als ob ein Glanz über dem Kind lag und den ganzen Stall erfüllte. Ja, ich konnte es richtig spüren: Dieses Kind war ein besonderes Kind. Ein himmlisches Kind. Gott sei Dank.«

Lied: »Lasset uns zur Krippe gehen« (Strophe 4)
Lasset uns zur Krippe gehen,
laßt uns seh'n, was dort geschehen.
Kommt doch mit: Groß und Klein,
laßt das Mäuschen auch mit rein.

Mäuschen: *(kommt herein, stellt sich an die Krippe und spricht:)* »Guten Morgen, Kinder. Ich bin Piepsi, das Mäuschen. Genauer gesagt, bin ich eine Stallmaus. Ich habe damals mucksmäuschenstill in einer Ecke des Stalls gehockt und alles beobachtet.
Ach, war das himmlisch. Erst war ich Zeuge, wie Jesus geboren wurde. Ich sah die glücklichen Gesichter von Maria und Josef. Durch die Ritzen des Stalldaches konnte ich erkennen, wie der Himmel erstrahlte, und mir war, als ob die Sterne tanzten. Ja, diese Nacht war eine ganz besondere, eine heilige Nacht.
Und es dauerte nicht lange, da hörte ich lautes Stimmengewirr. Hirten kamen und knieten vor dem Kind in der Krippe nieder und beteten es an. Und sie hatten auch Geschenke dabei: Schafskäse und Milch und ein schönes, flauschiges Fell. Und dann, dann kamen noch drei ganz vornehme Leute, drei Könige, auf Kamelen angeritten. Und auch sie, die großen Könige, beteten das kleine Jesuskind an und beschenkten es mit Gold und edlen Parfümen.
Mir war, als ob der ganze Stall auf einmal erfüllt war von Wärme, von Licht, von Liebe und von Frieden. Und irgendwie spürte ich: Wenn dieses Kind groß wird, dann wird es den Menschen zeigen, daß es nicht gut ist, wie Katz und Maus zusammenzuleben. Dann wird es ihnen zeigen: Es ist gut, wenn Menschen sich verstehen und zueinanderstehen und sich beistehen.«

4. Wir lassen uns von Gott senden

4.1 Wir singen das Lied: »Ihr Kinderlein kommet« (z.B. in: EG 43, 1–3)

4.2 Wir bringen unsere Bitten vor Gott

(Dieses Gebet wird von den Kindern gestaltet. Jeweils ein Kind kommt nach vorne, legt sein »Geschenk« an die Krippe und spricht dazu einen Gebetswunsch.)

1. Ich bringe Dir eine **Kerze**, Jesus, und bitte Dich:
   Laß uns Dein Licht leuchten.
2. Ich bringe Dir einen **Tannenzweig** und bitte Dich:
   Schenk uns Hoffnung, wenn wir traurig sind.
3. Ich bringe Dir einen **Strohstern** und bitte Dich:
   Sei allen nahe, die kein Zuhause haben.
4. Ich bringe Dir ein **Lebkuchenherz** und bitte Dich:
   Schenk uns ein Herz voller Liebe.
5. Ich bringe Dir eine **Christbaumkugel** und bitte Dich:
   Laß Frieden werden auf der Erde.
6. Ich bringe Dir einen **Teddybär** und bitte Dich:
   Laß es allen Kindern auf der Welt gut gehen.
7. Ich bringe Dir einen **Apfel** und bitte Dich:
   Laß keinen Menschen hungrig sein.

4.3 Wir beten das Vater Unser

4.4 Wir singen das Lied: »Ihr Kinderlein kommet« (Strophe 4)

4.5 Wir werden gesegnet

(Der Segen wird vom Pfarrer gesprochen.)
Gott sei um euch mit seinem Segen.
Jesus begleite euch auf euren Wegen.
Er gebe Liebe in euer Herz.
Er heile Kummer in euch und Schmerz.
Er schenke Frieden der ganzen Erde.
Dieses Fest zum Anfang dafür werde.
Amen.
(Danach fassen sich alle an die Hände und wünschen sich zusammen ein »Frohes Weihnachtsfest«.)

4. Hinweise zur Vorbereitung eines Gottesdienstes

- **Folgende Utensilien müssen besorgt werden:**

Ein Weidenkorb voll Stroh; eine Krippe; Pappe und Plaka-Farben (für die Flachpuppen). Für das Gebet der Kinder werden benötigt eine Kerze, ein Tannenzweig, ein Strohstern, ein Lebkuchenherz, eine Christbaumkugel, ein Teddybär und ein Apfel. Ein Recorder, eine Kassette mit meditativer Musik.

- **Folgende Dinge müssen hergestellt werden:**

Der Gottesdienstraum wird im Vorfeld weihnachtlich geschmückt (mit Christbaum, Strohsternen etc.).
Desweiteren werden die Tiere (Esel, Ochse, Schaf, Mäuschen) für das Weihnachtsspiel als Flachpuppen gestaltet. Das Herstellungsverfahren ist einfach: Man benötigt starken Karton oder dicke Pappe, worauf die Umrisse der Figuren aufgezeichnet und dann mit einem spitzen Messer ausgeschnitten werden. Danach werden die Figuren mit Plaka-Farben angemalt.
Falls es in der Vorbereitungsgruppe kein »Zeichentalent« gibt, kann man sich für die Herstellung der Flachpuppen auch folgendermaßen behelfen: Man paust oder kopiert aus einem Bilderbuch das entsprechende Tier auf eine Folie und projiziert diese mit Hilfe eines Overhead-Projektors in der gewünschten Größe auf einen an der Wand befestigten Karton. Die Umrisse der Figur werden dann auf dem Karton nachgemalt.
Die Texte wirken besser, wenn sie frei gesprochen werden. Als Erinnerungsstütze kann allerdings der jeweilige Text auf die Rückseite der Flachpuppe geklebt werden.
Benötigt wird auch eine Holzkrippe, die von Anfang an im Altarraum steht. Um die Krippe herum werden im Verlauf des Weihnachtsspiels die Tierfiguren drapiert.

F. Leinen los
(Kindergartenabschied / Schulanfang)

Wachsen wie die Sonnenblumen

1. Hinweise zur Feier des Gottesdienstes

Kindergartenabschied/Schulanfang – das sind für die Kinder schon Wochen zuvor große Ereignisse, auf die im familiären Umfeld und vor allem auch im Kindergarten hingedacht, hingeführt, »hingearbeitet« wird. Kindergartenabschied – das ist für alle in der Kita natürlich ein ganz wichtiges, ein ganz buntes Fest: für das Team, für die zukünftigen Schulanfänger und deren Eltern und für die übrigen Kinder. Kindergartenabschied – das sind dankbarer Rückblick und erwartungsvoller Ausblick. Kindergartenabschied – das ist Singen und Spielen, das ist gemeinsam Essen und Gottesdienst feiern, das ist Schultütenbasteln der Eltern und Lagerfeuer mit Schlafparty, das ist Ausflug mit den Familien der Schulanfänger mit abschließendem Kinderwunschessen. Und dazu gehört auch noch der zukünftige, vom Erzieherinnen-Team mitgestaltete Schulanfängergottesdienst.
Kindergartenabschied – da wird einem noch einmal ganz eindrücklich bewußt, wie sehr die Kinder, die eine Kindertagesstätte verlassen, gewachsen sind. Gewachsen an Größe, an Geist, an sozialem Empfinden, an ihrem Wahrnehmen und Umgehen mit ihrer Umwelt.
Unter diesem Eindruck entstand auch das Thema für diesen Kindergartenabschied und den darin integrierten Gottesdienst: »Wachsen wie die Sonnenblumen«. Ein Thema, das sich schon einige Wochen vor dem letzten Kindergartentag unserer zukünftigen Schulkinder verfestigt, und durch entsprechende Lieder (z.B. »Wir werden immer größer«), Bilderbücher (z.B. »Der kleine Gärtner« aus dem Nord-Süd Verlag oder »Die kleine Raupe Nimmersatt«) und zahlreiche kreative Gestaltungen, wie z.B. eine »Sonnenblumen-Pflanzaktion«, eingeführt und vorbereitet werden sollte.

2. Ablauf des Gottesdienstes

- Wir finden uns in Gottes Namen zusammen
  - Wir werden begrüßt
  - Wir singen ein Lied
  - Wir stimmen uns auf das Thema ein
  - Wir beten
  - Wir singen ein Lied

- Wir hören Gottes Botschaft
  - Wir hören ein Gleichnis vom Wachsen
  - Wir singen ein Lied
  - Was das Gleichnis mit uns zu tun hat
- Wir lassen das Gehörte nachwirken
  - Wir singen und tanzen den Sonnenblumentanz
- Wir lassen uns von Gott senden
  - Wir beten
  - Wir singen ein Lied
  - Wir werden gesegnet

3. Durchführung

---

1. Wir finden uns in Gottes Namen zusammen

1.1 Wir werden begrüßt

(Die Begrüßung übernimmt eine Erzieherin. Hinter ihr, auf dem Altar, stehen viele Blumentöpfe mit Sonnenblumen, die die zukünftigen Schulkinder vor einigen Wochen als Gruppe eingepflanzt haben.)
Wir feiern diesen Gottesdienst heute zum Abschied eurer Kindergartenzeit. Darum begrüße ich euch, liebe Kinder, ganz besonders. Schön, daß alle Eltern und auch so viele Großeltern mitgekommen sind. Ein herzliches Willkommen allen zusammen.
Hier, auf dem Altar, da sehen wir ganz viele Sonnenblumen. Ihr, liebe Kinder, habt sie selbst gepflanzt, gegossen, in die Sonne gestellt. Einige Sonnenblumen sind noch recht klein, andere schon über einen Meter groß. Aber wunderschön sind sie alle mit ihren gelben Köpfchen und ihren grünen Stengeln und Blättern. Fast hat es den Anschein, als lächelten die Sonnenblumen uns an, als würden sie uns mit ihren Blättern zuwinken und uns einen guten Tag und einen schönen Gottesdienst wünschen.
Für uns alle war es ja ganz spannend, die Sonnenblumen zu beobachten, mitanzusehen, wie sie jede Woche ein Stückchen größer wurden, kräftiger und bunter. Ähnlich war es auch mit euch, liebe Kinder. Wir Erzieherinnen und euer Pastor, wir haben euch ja einige Jahre begleitet. Wir haben versucht, für euch da zu sein und euch beim Größerwerden zu helfen. Ja, auch ihr seid in eurer Kindergartenzeit gewachsen, so wie auch unsere Sonnenblumen immer ein Stückchen größer geworden sind. Und nun dauert es nicht mehr lange: Bald steht euer erster Schultag vor der Tür.

Und darum wollen wir uns heute voneinander verabschieden und miteinander Gott danken und Gottesdienst feiern. Ja, wir wollen Gott danken, daß er uns bisher mit seinem Segen begleitet hat, und ihn darum bitten, daß er uns auch weiterhin unter dem Himmel seiner Güte wachsen läßt – an Größe, an Liebe und an Freundlichkeit.

Wir singen das Lied: »Fiderallala«

Text: © Jürgen Gauer
Melodie: Volksweise

(Dieses Lied wird nach der bekannten Melodie des Liedes von der Vogelhochzeit gesungen. Die nachfolgenden Strophen wurden dabei immer von einer Gruppe (Kinder, Eltern etc.) unserer Gottesdienstgemeinde gesungen. In den Refrain stimmen jeweils alle mit ein. Zu diesem Lied lassen sich noch beliebig viele Strophen hinzuerfinden.)

1. Pfarrer: Schön, daß wir jetzt zusammen sind,
Eltern, Erzieher, jedes Kind.
Fiderallala ...

2. Erzieherinnen: Grüß Gott, hallo, und guten Tag,
unser Team einem jeden von euch sagt.
Fiderallala ...

3. Eltern: Wir sind hier eine frohe Schar,
diesen Tag zu feiern, ist doch klar.
Fiderallala ...

4. Kinder: Wir werden bald zur Schule geh'n,
drum sagen wir heut: »Auf Wiederseh'n«.
Fiderallala ...

5. Erzieherinnen: Gott begleite unser aller Leben,
den Segen möge er uns geben.
Fiderallala ...

6. Kinder: Halleluja. Halleluja.
Gott ist für alle Menschen da.
Fiderallala ...

7. Pfarrer: Unser Gottesdienst soll fröhlich sein,
ich lad' euch nun zum Feiern ein.
Fiderallala ...

1.3 Wir stimmen uns auf das Thema ein

(Diese Einstimmung wird vom Pfarrer übernommen. Die mitfeiernden Kinder und Erwachsenen schließen sich der Fingergestik des Pfarrers an, der für den Anfang des nachfolgenden Textes einige Sonnenblumenkerne in seiner Hand hält.)

Hallo, Kinder, schaut mal her,
was ich hier in Händen habe:
viele kleine Samenkörner;
sie sind eine Gottesgabe.

(Die rechte Hand, zur Schale geformt, wird langsam hin und her bewegt.)

Kleine Samen, große Samen,
alle pflanz' ich in die Erden,
damit daraus, uns zur Freud',
Sonnenblumen werden.

(Pflanzbewegungen andeuten.)

Komm doch, Regen, fallt, ihr Tropfen,
tröpfelt auf die Erdenkrumen.
Macht den Boden feucht und weich,
laßt sie wachsen, meine Blumen.

(Beide Hände werden von oben nach unten bewegt mit »zappelnden Fingern«.)

Und dazu die warme Sonne:
Sende deine Strahlen aus.
Und erwärme meine Blumen:
Schon strecken sie ihr Köpfchen raus.

(Die Arme werden über den Kopf geführt und die Finger dabei flächenartig gespreizt.)

Seht: Sie fangen an zu wachsen.
Schaut einmal, wie sie sich recken,
wie sie immer schöner werden,
sich zum Himmel hin erstrecken.

(Beide Hände werden zum Kelch geformt und »wachsen« langsam höher.)

Ja, sie werden größer, schöner
in dem warmen Sonnenschein.
Schmetterlinge, Bienen, Vögel
geben sich ein Stelldichein.

(Die Arme werden in Flügelbewegungen hoch und runter bewegt.)

Herrlich ist ihr gelbes Köpfchen.
Darin die Kerne dicht an dicht.
Gott, der Herr, hat sie geschaffen.
Lieber Mensch, vergiß das nicht.

(Die Hände zeichnen einen Kreis in die Luft und werden dann gefaltet.)

Gottes Liebe scheint auf alles:
Sie läßt wachsen Blum' und Tier.
Und vor allem:
Gottes Liebe gilt auch dir und gilt auch mir.

(Mit nach oben gestreckten Händen wird ein Halbkreis geformt. Hände werden auf das Herz gelegt.)

1.4 Wir beten

(Dieses Gebet wird von einer Erzieherin gesprochen.)

Lieber Vater im Himmel!
Unsere Zeit im Kindergarten geht heute zu Ende.
Es war für uns eine schöne, eine aufregende Zeit.
Gern denken wir daran zurück.

Wir waren noch ganz klein, als unsere Eltern uns zum ersten Mal hierher gebracht haben.
Damals waren wir kleine Pflänzchen, wie kleine Sonnenblumen.
Wir haben schnell Freunde gefunden, wir haben viel gespielt und gelacht, manchmal ist auch eine Träne gekullert, aber meist war es ganz schnell wieder gut.

Unsere Erzieherinnen waren immer für uns da.
Sie haben uns beim Wachsen, beim Größerwerden begleitet.
Sie haben uns Wärme und Liebe gegeben.
Sie waren für uns da wie ein guter Gärtner für seine Blumen.

Lieber Gott.
In unserer Kindergartenzeit sind wir von Dir, von unseren Eltern und Erzieherinnen gut behütet und begleitet worden.
Dafür sagen wir »Danke«.
Amen.

1.5 Wir singen das Lied: »Der Sonnenblumen-Kanon«

Text: Rolf Krenzer / Melodie: Paul G. Walter
aus: MC und Liedheft (PGW 024) » Gott, du bist ja bei mir« © Musikbär Verlag Schriesheim

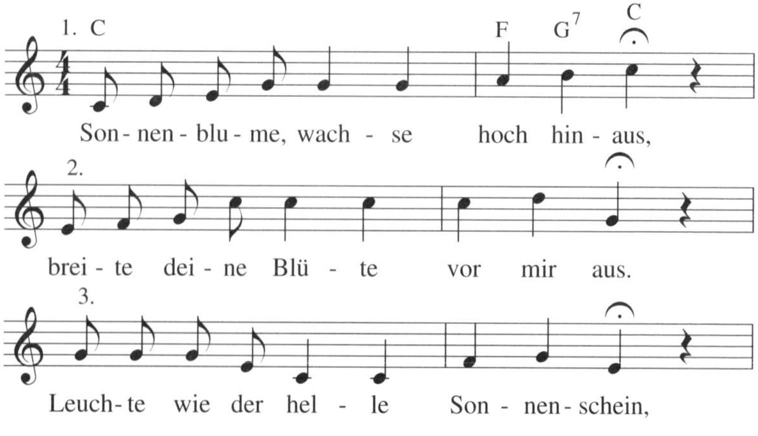

2. Wir hören Gottes Botschaft

2.1 Wir hören ein Gleichnis vom Wachsen (»Das Sonnenblumengleichnis«)

(Die nachfolgende Erzählung lehnt sich an das Gleichnis vom Senfkorn (Mt. 13,31 f.) an und wurde, dem Gottesdienstthema folgend, auf einen Sonnenblumenkern übertragen. So atmet auch diese Geschichte den Geist der Bibel, auch wenn dort explizit vom Wachsen eines anderen Samenkorns erzählt wird.
Das Gleichnis, in dessen Erzählverlauf der Pfarrer aus seiner Rolle als »Pastor« in die eines »Sonnenblumenmannes« schlüpft, richtet sich an Kinder und die mitfeiernden Erwachsenen. Folgende Utensilien werden zuvor besorgt und bereitgelegt: ein Schlips mit Sonnenblumenmotiven; ein Strohhut mit kleinen Sonnenblumen in der Krempe; eine Sonnenblume und eine Handvoll Sonnenblumenkerne.)
Liebe Kinder! Liebe Eltern und Großeltern! Liebe Erzieherinnen!
Kurz: Liebe kleine und große Kinder Gottes!
Euch allen möchte ich jetzt eine Geschichte erzählen. Eine Geschichte, die einst Jesus den Menschen auch so ähnlich erzählt hat. Es ist eine wunderschöne Geschichte. Eine Geschichte, in der aus etwas ganz Kleinem etwas ganz Großes wird. Eine Geschichte, in der es ums Wachsen, um das Wunder der Schöpfung geht.
Doch halt! **Ich** möchte euch diese Geschichte gar nicht erzählen. Ich kenne nämlich einen Mann, der das viel besser als ich kann. Wie der Mann heißt, das verrate ich euch gleich. Jetzt zeige ich euch erst einmal, wie der Mann aussieht:
Jeden Tag trägt der Mann einen wunderschönen, bunten Schlips. Und der sieht so aus *(den Schlips zeigen und umbinden)*. Na, wie nennt man wohl so einen Schlips? *(Kinder: »Sonnenblumenschlips«)*
Und immer trägt der Mann einen großen Strohhut. *(Strohhut aufsetzen)* Den Hut, den erkennt man schon von weitem. Woran? *(Kinder: »An den Sonnenblumen«)* Richtig. Denn dieser Hut, den ich trage, das ist nicht nur ein Sonnenhut, sondern ein Sonnen-blumen-hut.
Und, sozusagen als Erkennungszeichen, hat der Mann auch immer eine große Sonnenblume in der Hand *(allen die Sonnenblume zeigen)*. Übrigens, was meint ihr, wie dieser Mann heißt? *(Kinder raten lassen)* Ja,

richtig: Das ist der Sonnenblumenmann. Oder auf englisch gesagt: der »Sunny boy«. Und überall, wo der Sonnenblumenmann hinkommt, da erzählt er den Kindern und Erwachsenen Geschichten. Nicht irgendwelche Geschichten, sondern Geschichten von Gott, von Jesus, von der Liebe und vom Leben. *(Sonnenblumenmann kramt in seiner Tasche und zeigt den Kindern Sonnenblumenkerne.)* Ja, was habe ich denn da? *(Kinder: »Sonnenblumenkerne«)* Richtig. Und zu diesen Sonnenblumenkernen, da fällt mir eine Geschichte ein, die ich euch nun erzählen möchte. Und die geht so:

Eines Tages, da kommt Jesus mit seinen Freunden, den zwölf Jüngern, in die Stadt. Es ist sehr heiß. Jesus geht mit seinen Freunden zum Marktplatz. Dort steht ein großer, mächtiger Feigenbaum. Unter seinem weiten Blätterdach ist es schön schattig. Da läßt es sich gut ausruhen. Aber leider – aus der Mittagsruhe wird nichts. Denn es dauert nicht lange, da ist Jesus von vielen Menschen umringt. Jeder will ihn sehen, ihn von Gott erzählen hören: Große und Kleine, Alte und Junge, Männer, Frauen und vor allem Kinder, ganz viele Kinder. Und Jesus nimmt viele Kinder in den Arm, streichelt sie und wünscht ihnen Gutes für ihr Leben.

Jetzt streckt Jesus eine Hand aus. Noch ist sie geschlossen. Die Kinder und die Erwachsenen schauen ganz gespannt. Und dann öffnet Jesus ganz langsam seine Hand, und darin liegt ein kleines, dunkles Samenkorn, genauer gesagt: ein Sonnenblumensamen, ein Sonnenblumenkern.

»Was machst du da, Jesus«, ruft der kleine Tobias, der ganz nah bei Jesus steht, »warum zeigst du uns diesen Sonnenblumenkern?« Jesus sieht ihn ganz freundlich an. Dann legt er ihm den Sonnenblumensamen in seine kleine Kinderhand und sagt: »Schau mal, Tobias. Wenn man dieses kleine Samenkorn, diesen Sonnenblumenkern in die Erde pflanzt, dann dauert es nicht lange, und man sieht ein kleines Blumenköpfchen und die ersten zarten grünen Blätter durch die Erde kommen. Und dann wächst die Sonnenblume weiter. Jeden Tag ein kleines bißchen mehr. Der Regen tut ihr gut. Und der Wind und der frische Tau am frühen Morgen. Aber vor allem die Sonnenstrahlen, die unsere Sonnenblume streicheln und wärmen, lassen sie größer und größer werden, lassen sie der Sonne entgegenwachsen. Und dann – eines Tages – ist es soweit. Ein goldgelber Strahlenkranz legt sich um das Blütenköpfchen, in dem schon wieder ganz viele neue Sonnenblumensamen gewachsen sind. Herrlich sieht sie nun aus, die große, wunderschöne Sonnenblume. Die Kinder und die Erwachsenen freuen sich über sie. Und auch die Bienen und Hummeln tummeln sich mit Vergnügen auf ihrem Blütenköpfchen.«

Ganz still war es auf einmal unter den Zuhörern von Jesus geworden. Staunend hatten sie ihm zugehört. Auch Jesus schwieg noch einen Augenblick, und dann sagte er: »Seht ihr, was für ein Wunder in so einem kleinen Sonnenblumenkern steckt, den ich in meiner Hand halte? Ist es nicht fast unglaublich, daß aus so einem kleinen Samenkorn einmal eine über zwei Meter hohe, herrliche Sonnenblume werden kann? Und denkt daran: Gott ist es, der seine Liebe und seinen Segen ausschüttet über alles, was lebt – über Blumen und Bäume, über Menschen und Tiere. Gott sei Dank.«

2.2 Wir singen die erste Strophe des »Sonnenblumen-Kanons«

2.3 Was das Gleichnis mit uns zu tun hat

(Die nachfolgende Kurzansprache übernimmt ebenfalls der Pfarrer in seiner Rolle als »Sonnenblumenmann«.)
Liebe kleine und große Kinder Gottes. Ich hoffe, die Geschichte von Jesus und dem Samenkorn, die ich, der Sonnenblumenmann, euch gerade erzählt habe, hat euch gefallen. Ich finde, diese Geschichte hat auch viel mit euch, liebe Kindergartenkinder – so darf ich euch ja jetzt noch nennen –, zu tun.
Auch ihr habt heute, an eurem letzten Kindergartentag, einen weiteren Abschnitt auf eurem Lebensweg erreicht. Ihr seid nun sozusagen dem Kindergarten entwachsen; in ein paar Wochen beginnt für euch die Schule. Und so, wie die Sonnenblumen, die ihr gepflanzt habt, immer ein Stückchen größer geworden sind, so seid auch ihr in der Zeit hier im Kindergarten gewachsen: gewachsen an Größe, an Verstand, an Erfahrung. Ihr hattet in all der Zeit viele schöne Erlebnisse. Freundschaften zu anderen Kindern sind gewachsen, aber auch zu den Erzieherinnen, die euch mit ganz viel Liebe und guten Gedanken auf eurem bisherigen Weg des Größerwerdens begleitet haben.
Und für all das, was in euch, liebe Kinder, in den Jahren hier im Kindergarten wachsen und reifen konnte, wollen wir danken. Wollen wir Gott danken, der ja hinter allem, auch hinter jedem von uns mit seiner Liebe steht. Jetzt könnte ich euch eigentlich »Tschüß« sagen. Aber halt: eines hätte ich fast vergessen: damit ihr euch nämlich noch ein bißchen an diesen Tag, an diesen Gottesdienst, an die Sonnenblumen und an mich, den Sonnenblumenmann, erinnert, möchte ich euch noch ein Segenskärtchen schenken, ein Kärtchen mit einem guten Wunsch für euer weiteres Leben.
(Der »Sonnenblumenmann« zeigt den Kindern die »Kärtchen«.)
Und auf diesen Kärtchen, die der Sonnenblumenmann immer dabei hat und an die Kinder verteilt, seht ihr eine Sonnenblume, und daneben steht: »Gott segne dich. Gott behüte dich. Seine Liebe möge in dir wachsen.«
Das ist auch mein Wunsch an euch, liebe Kinder. Amen.
(Alle Kinder erhalten nun ein Segenskärtchen.)

3. Wir lassen das Gehörte nachwirken

3.1 Wir singen und tanzen den Sonnenblumentanz

(Die Kinder werden gebeten, nach vorne zu kommen und mit den Erzieherinnen einen Sonnenblumentanz zu tanzen, entsprechend dem Text des »Sonnenblumentanzliedes«. Die Kinder schließen sich den Bewegungen und Gesten an, die die Erzieherinnen vormachen. Gesungen werden die Liedstrophen gemeinsam von Eltern und Erzieherinnen. Jedes Kind erhält einen Umhang aus gelbem Kreppapier.)

Lied: »Sonnenblumentanz« Text und Melodie: © Jürgen Gauer

(Wir drehen uns im Kreis und klatschen in die Hände.)

2. Wir tanzen, wir tanzen den Sonnenblumentanz.
Und machen und machen uns wie ein Korn ganz klein.

(Wir gehen ganz tief in die Hocke.)

3. Wir tanzen, wir tanzen den Sonnenblumentanz.
Im Boden, im Boden schlagen wir Wurzeln aus.

(Wir machen uns in der Hocke ganz »klein«.)

4. Wir tanzen, wir tanzen den Sonnenblumentanz.
Jetzt strecken, jetzt strecken wir uns zum Sonnenlicht.

(Wir strecken die Arme nach oben und erheben uns aus der Hocke.)

5. Wir tanzen, wir tanzen den Sonnenblumentanz.
Wir wachsen, wir wachsen, wir wachsen immer mehr.

(Wir strecken die Arme noch ein wenig höher, stellen uns auf die Zehenspitzen und greifen mit den Händen nach oben.)

6. Wir tanzen, wir tanzen den Sonnenblumentanz.
Wir wiegen, wir wiegen im Wind uns hin und her.

(Wir »wiegen« uns nach rechts und links.)

7. Wir tanzen, wir tanzen den Sonnenblumentanz.
Wir danken, wir danken Gott, der uns wachsen läßt.

(Wir falten beim »Wiegen« die Hände.)

8. Die Blume, die Blume war einst wie ich so klein.
Doch Wärme und Segen, die lassen uns gedeih'n.

(Wir halten die geöffneten Hände kelchförmig nach oben.)

9. Wir tanzen, wir tanzen den Sonnenblumentanz.
Und singen und singen halle-, halleluja.

(Wir drehen uns im Kreis und klatschen in die Hände.)

4. Wir lassen uns von Gott senden

4.1 Wir beten

(Nun wird eine Tafel im Altarraum aufgestellt, auf der ein großer Blütenkopf aus vielen dunklen Sonnenblumenkernen gemalt ist. Um diesen Blütenkopf herum werden im Verlauf des Gebetes gelbe Blütenblätter geklebt, so daß eine schöne gelbe Sonnenblumenblüte entsteht. Alle Entlaßkinder kommen nach vorn, und jedes erhält »sein Blütenblatt«, das zuvor mit einem Stichwort seines Gebetswunsches (von den Kindern selbst erarbeitet) beschriftet worden ist. Nachdem jedes Kind sein Gebetsanliegen gesprochen hat, wird sein Blütenblatt von einer Erzieherin entgegengenommen und um den Sonnenblumenkernkranz geklebt.
Die einleitenden und die abschließenden Gebetsworte spricht eine Erzieherin. Die Gebetswünsche werden von den Kindern selbst gesprochen. Das in Klammern stehende Stichwort stand auf dem gelben Blütenblatt.)

Lieber Vater im Himmel.
Wir kommen bald in die Schule.
Eine ganz neue Zeit in unserem Leben beginnt.

Wir bitten Dich:

1. Paß auf uns auf, damit uns auf dem Schulweg nichts passiert. *(Behüten)*
2. Hilf uns, daß wir viele Freunde finden. *(Freunde)*
3. Wenn wir manchmal Angst haben, mach uns Mut. *(Mut)*
4. Wir möchten auch in der Schule viel lachen. *(Lachen)*
5. Zeig uns, wie wir anderen Kindern helfen können. *(Hilfe)*
6. Laß uns nette Lehrer finden. *(Lehrer)*
7. Ich wünsche mir eine ganz große Schultüte. *(Schultüte)*
8. Wir wollen uns in der Klasse gut verstehen. *(Verständnis)*
9. Ich wünsche mir, daß am ersten Schultag die Sonne scheint. *(Sonne)*
10. Ich möchte meinen Hamster auch einmal mit in die Schule nehmen. *(Hamster)*
11. Ich möchte viel über Dinos und Lesen lernen. *(Lernen)*

Lieber Vater im Himmel.
Wir haben Dir unsere Wünsche gesagt.
Mögest Du sie hören.
Amen.

4.2 Wir singen das Lied: »Gott, dein guter Segen«

(Bevor wir das Schlußlied zusammen singen, erhalten alle Kinder einen »Sonnenblumenhut«. Auf diesem Hut (= einfache Schirmmütze), der symbolisch für das »Behütetwerden durch Gott« stehen soll, haben Erzieherinnen mit Textilfarbe Sonnenblumen aufgemalt; vorne auf dem Mützenschirm steht der Name des Kindes.
Der nachfolgende Liedtext stammt von Reinhard Bäcker; im Original beginnt die 1. Strophe so: »Gott, dein guter Segen ist wie ein großes Zelt, hoch und weit, fest gespannt über unsre Welt.« Speziell für diesen Gottesdienst haben wir den Textanfang »thematisch gebogen« und wie folgt verändert: »Gott, dein guter Segen ist wie ein bunter Hut, er schützt uns jeden Tag, und das tut uns gut.«
Die nachfolgenden Worte spricht der Pfarrer:)
Liebe Kinder! Wir wollen euch zum Abschluß dieses Gottesdienstes, zum Ende eurer Kindergartenzeit, einen Sonnenblumenhut schenken. Die Erzieherinnen haben sie gebastelt. Die Hüte sollen euch daran erinnern, daß Gott euch immer **behüten** will. Diesen Wunsch wollen wir jetzt zusammen singen. Wir singen die 1., die 3. und die 5. Strophe des bekannten Liedes: »Gott, dein guter Segen«.

Lied: »Gott, dein guter Segen«

Text: Reinhard Bäcker
Melodie: Detlev Jöcker
aus Buch, CD und MC »Viele kleine Leute«

3. Gott, dein guter Segen
ist wie des Freundes Hand,
die mich hält, die mich führt
in ein weites Land.
Guter Gott, ich bitte dich:
Führe und begleite mich.
Laß mich unter deinem Segen
leben und ihn weitergeben.
Bleibe bei uns alle Zeit,
segne uns, segne uns,
denn der Weg ist weit.

5. Gott, dein guter Segen
ist wie ein Mantelkleid,
das mich wärmt und beschützt
in der kalten Jahreszeit.
Guter Gott, ich bitte dich:
Tröste und umsorge mich.
Laß mich unter deinem Segen
leben und ihn weitergeben.
Bleibe bei uns alle Zeit,
segne uns, segne uns,
denn der Weg ist weit.

4.3 Wir werden gesegnet

Für euer aller weitres Leben
will Gott euch seine Liebe geben.
Sie möge in euch wachsen, blühen
in allen Freuden, in allen Mühen.
So geht behütet auf euren Wegen.
Denn Gott ist bei euch mit seinem Segen.

4. Hinweise zur Vorbereitung des Gottesdienstes

- **Folgende Utensilien müssen besorgt werden:**

Ein Tisch für die Pflanztöpfe mit den Sonnenblumen, die die Kinder im Vorfeld des Gottesdienstes gepflanzt haben. Für die thematische Einstimmung (= 1.3) und das Wachstumsgleichnis (= 2.1) werden einige Sonnenblumenkerne benötigt. Für die Ausstaffierung des »Sonnenblumenmanns«, der das Wachstumsgleichnis erzählt, braucht man einen Schlips mit Sonnenblumenmotiven (gekauft oder selbst »gebatikt«); einen Strohhut, in dessen Krempe einige Sonnenblumen befestigt sind; eine große Sonnenblume und die entsprechenden Visitenkarten (= Segenskärtchen), die der »Sonnenblumenmann« verteilt. Die Umhänge beim Sonnenblumentanz sind aus gelbem Kreppapier.
Für das Schlußgebet benötigt man eine Tafel, Kreppapier und gelben Pappkarton, aus dem die Sonnenblumenblütenblätter gebastelt werden. Die »Hüte« bzw. die weißen Schirmmützen, die die Kinder zum Segens-

lied geschenkt bekommen, können bei einem Kataloganbieter für Werbegeschenke etc. bestellt werden. Zum Bemalen der »Mützenrohlinge« wird Textilfarbe benutzt.

- **Folgende Dinge müssen hergestellt werden:**

Die Visitenkarten (= Segenskärtchen), die der Sonnenblumenmann an die Kinder verteilt, können selbst mit einem entsprechenden DTP-Programm erstellt werden (s. beiliegendes Muster). Die Umhänge für den Sonnenblumentanz werden aus gelbem Kreppapier gebastelt. Für das Schlußgebet wurde im Vorfeld ein großer Blütenkopf, bestehend aus vielen Sonnenblumenkernen, auf die Tafel gemalt. Hierum wurden dann die zuvor mit den entsprechenden Stichworten beschrifteten Sonnenblumenblütenblätter aus gelbem Pappkarton geklebt. Etwas arbeitsintensiver war die Bemalung der Schirmmützen mit Sonnenblumenmotiven und dem Namen des jeweiligen Kindes.

Muster eines »Segenskärtchen«

DER »SONNENBLUMENMANN«

Gott segne dich.
Gott behüte dich.

Seine Liebe möge
in dir wachsen.

Ich geh' mit dir durch jede Tür

1. Hinweise zur Feier des Gottesdienstes

Dieser Einschulungsgottesdienst möchte die Kinder bei ihrem wichtigen Übergang vom Kindergarten zur Schule begleiten, ihnen Mut machen für alles Neue, was nun auf sie zukommt, und sie stärken in ihrem Vertrauen, in ihrem Gottvertrauen. Der Gottesdienst versucht daher auch die Ambivalenzen der Kinder aufzunehmen, die eingeschult werden. Denn es sind ja eine Vielzahl von Gefühlen und Gedanken, die die Kinder vor Beginn der Schule beschäftigen. Da sind Vorfreude und Vorurteile, Ängste und Hoffnungen, da sind Wünsche und Befürchtungen, Neugier und Sorgen, da gibt es das Kribbeln im Bauch, aber auch Stolz und Entdeckerdrang und vieles andere mehr.

Der vorliegende Gottesdienst möchte die Kinder noch einmal zurückführen in bisherige vertraute Lebenssituationen und Lebensräume (= vgl. dazu den Gottesdienstteil »Türen, die in unserem bisherigen Leben eine Rolle spielten«) und sie zugleich darin bestärken, frohgemut und wohlgemut nach vorne zu blicken; neue Wege auszuprobieren; durch neue Türen zu gehen; »aufgeschlossen« zu sein für neue Erfahrungen, die sie nun in der Schule machen können (vgl. dazu u.a. die Gottesdienstteile »Türschild-Aktion« und »Die Schultür: Was erwartet uns dahinter«). Und vor allem: Dieser Gottesdienst möchte den Kindern vor Augen führen, daß der Gott der Bibel ein Gott ist, der mitgeht, der auch an jeder neuen Tür steht und dort auf sie wartet, sie erwartet; so wie der gütige Vater im Gleichnis vom verlorenen Sohn.

Alle anderen Gottesdienste in diesem Buch sind in ihrer Vorbereitung und Durchführung angesiedelt im Überschneidungsbereich zwischen Kirchengemeinde und Kindergarten bzw. Kindertagesstätte. Für diesen Gottesdienst ist es ganz wichtig, von Beginn an auch die Grundschule, in die die Kinder eingeschult wurden, zu beteiligen. Diese Beteiligung bezieht sich nicht nur auf die Planungen für den Gottesdienst, sondern auch auf seine Mitgestaltung durch die zukünftige Klassenlehrerin der Kinder (vgl. u.a. den Gottesdienstteil »Die Schultür: Was erwartet uns dahinter«).

2. Ablauf des Gottesdienstes

- Wir finden uns in Gottes Namen zusammen
  - Wir werden begrüßt
  - Wir singen ein Lied
  - Wir beten
  - Wir singen ein Lied
- Wir stimmen uns auf das Thema ein
  - Türen, die in unserem Leben bisher eine Rolle spielten
  - Wir singen ein Lied
  - Türschild-Aktion
  - Wir singen ein Lied
  - Die Schultür: Was erwartet uns dahinter
  - Wir singen ein Lied
- Wir lassen das Gehörte nachwirken
  - Wir hören die Geschichte vom gütigen Vater
  - Wir singen ein Lied
  - Wir werden eingesegnet
- Wir lassen uns von Gott senden
  - Wir singen ein Lied
  - Wir beten
  - Wir singen ein Lied
  - Wir werden gesegnet

3. Durchführung

1. Wir finden uns in Gottes Namen zusammen

(Die Kinder werden schon an der Kirchentür vom Pfarrer begrüßt. Er überreicht jedem Kind ein aus Pappkarton gebasteltes Türschild, auf dem der jeweilige Name des Kindes steht. Ebenso bekommt jedes Kind einen dicken bunten Filzstift. Der Pfarrer weist darauf hin, daß wir mit dem Türschild und dem Filzstift gleich im Gottesdienst noch etwas vorhaben.)

1.1 Wir werden begrüßt

(Die Begrüßung übernehmen der Pfarrer, eine Erzieherin und eine Lehrerin.)

(Der Pfarrer spricht:) Euch, liebe Kinder, begrüße ich heute morgen ganz besonders herzlich in diesem Gottesdienst am Beginn eurer Schulzeit. Und wie ihr seht, bin ich nicht alleine, um mit euch diesen Tag zu feiern.
(Eine Erzieherin spricht:) Hallo, ich wünsche euch, im Namen aller Kinder unserer Kindertagesstätte, einen schönen guten Morgen und einen wunderschönen ersten Schultag. Wir freuen uns, jetzt mit euch und euren Eltern und Großeltern diesen Gottesdienst zu feiern.
(Eine Lehrerin spricht:) Auch ich begrüße euch, liebe Schulanfänger, ganz herzlich zu diesem Gottesdienst. Schön, daß wir uns schon jetzt, vor eurer ersten Schulstunde, etwas kennenlernen. Vielleicht fragt sich der eine oder die andere von euch, wer ich denn bin. Nun, ich bin eure Klassenlehrerin. Mein Name ist Frau *(Name der Lehrerin)*. Ich wünsche uns allen einen fröhlichen Gottesdienst.
(Der Pfarrer spricht:) Liebe Kinder! Heute ist euer erster Schultag. Heute seid **ihr** die Hauptpersonen in euren Familien, hier im Gottesdienst und hernach in der Schule. Und weil das so ist, bitte ich euch, euch einmal ganz vorsichtig auf euren Stuhl zu stellen und euch umzusehen. Und wir Erwachsenen, wir wollen dann ganz kräftig für euch klatschen. *(Die Großen klatschen für die Kleinen, so daß die Kleinen sich ganz groß fühlen; danach setzen sich die Kinder wieder.)*
Liebe Kinder! Wenn man für jemand anderen klatscht, so heißt das: Man ist stolz auf ihn, man freut sich über ihn. Und ich denke, so ist das heute auch bei euren Eltern und Großeltern. Sie alle sind mächtig stolz auf euch. Sie sind stolz, daß ihr so gewachsen seid und von heute an in der Schule viel lernen könnt.
Aber auch Gott freut sich über euch. Auch er findet das ganz toll, daß ihr schon so groß seid und nun zur Schule geht. Und Gott, der euch bisher begleitet und behütet und bewahrt hat, der möchte auch weiterhin euer Freund und euer Begleiter sein: zu Hause, in der Schule, auf dem Weg zur Schule, beim Lernen und beim Spielen. Er segne uns diesen Gottesdienst.

1.2 Wir singen das Lied: »Ich möcht', daß einer mit mir geht« (Strophen 1+3)

3. Es heißt, daß einer mit mir geht,
der's Leben kennt, der mich versteht,
der mich zu allen Zeiten kann geleiten.
Es heißt, daß einer mit mir geht.

1.3 Wir beten

(Dieses Gebet wird von einer Erzieherin gesprochen.)
Liebe Kinder! Ich spreche jetzt ein altes Gebet aus der Bibel, den Psalm 23.
Mit Worten unserer Tage klingt das so:

Gott, Du bist um mich wie ein guter Hirte, wie ein guter Freund.
Du meinst es gut mit mir.
Du hilfst mir und stehst mir bei.
Du bist bei mir auf allen Wegen, die ich gehe.
Du machst mir Mut, wenn ich Angst habe.
Du bist mir nahe und tröstest mich, wenn ich traurig bin oder mich allein fühle.

Du, Gott, bist immer bei mir.
Du läßt mich wachsen, indem Du mir Deine Liebe schenkst.
Du segnest mich und läßt mich viel Gutes erfahren
heute, morgen und allezeit meines Lebens.
Amen.

1.4 Wir singen das Lied: »Weißt du, wieviel Sternlein stehen«

Text: Wilhelm Hey
Melodie: Volkslied um 1818

3. Weißt du, wieviel Kinder frühe
stehn aus ihrem Bettlein auf,
daß sie ohne Sorg und Mühe
fröhlich sind im Tageslauf?
Gott im Himmel hat an allen
seine Lust, sein Wohlgefallen;
kennt auch dich und hat dich lieb,
kennt auch dich und hat dich lieb.

2. Wir stimmen uns auf das Thema ein

2.1 Türen, die in unserem Leben bisher eine Rolle spielten

(Dieser Abschnitt wird vom Pfarrer eingeführt und moderiert. Er ermuntert die Kinder, sich zu den ihnen bekannten Türbildern, die auf eine Leinwand im Altarraum projiziert werden, zu äußern.)
Liebe Kinder! Ich möchte euch ein kleines Rätsel aufgeben. Wer die Lösung weiß, ruft sie mir einfach ganz laut zu. Das Rätsel lautet:

»Durch mich, da geht jeder jeden Tag,
auch wenn mich kaum einer beachten mag.
Mal bin ich aus Holz, mal aus Metall,
ich flieg' schon mal zu mit lautem Knall.
Und stehst du mal vor mir, und ich bin verschlossen,
dann stehst du draußen ganz verdrossen.
Denn bin ich zu und laß keinen rein,
kommt man nur mit 'nem Schlüssel durch mich hinein.
Na, fällt euch des Rätsels Lösung ein?«
(Kinder rufen das Lösungswort: »Tür« zu.)

Ihr habt richtig geraten. Des Rätsels Lösung ist: »Tür«. Durch Türen, da gehen wir ja jeden Tag. Viele Male. Ein und aus. Manche stehen offen, und wir können ganz einfach hindurchgehen. Andere Türen sind verschlossen; wir müssen sie erst mit einem Schlüssel öffnen oder klingeln, damit uns einer aufmacht. Ich möchte euch, liebe Kinder, nun einige Bilder von Türen zeigen. Von Türen, die euch sicherlich bekannt vorkommen. Wer mag, der kann gerne etwas zu der einen oder anderen Tür sagen?
(Im folgenden werden verschiedene Dias von Türen gezeigt, die den meisten Schulanfängern bekannt sind. Dabei wird den Kindern Raum gelassen, etwas zu einer Tür oder zu mehreren Türen zu erzählen bzw. auf Fragen zu antworten, wie beispielsweise: Zu welchem Gebäude gehört die jeweilige Tür? – Was ist hinter dieser Tür? – Was habe ich im Raum hinter dieser Tür erlebt? etc. Die Dias beziehen sich alle auf »öffentliche Türen« in der Stadt bzw. auf Türen von und in den Häusern der I-Männchen.)

➔ 1. Tür-Dia: Bild der Kinderzimmertür eines »I-Männchens«
➔ 2. Tür-Dia: Bild der Drehtür zum Freibad
➔ 3. Tür-Dia: Bild der Haustür eines »I-Männchens«
➔ 4. Tür-Dia: Bild unserer Kirchentür
➔ 5. Tür-Dia: Bild der Eingangstür des Kindergartens/der Kindertagesstätte

2.2 Wir singen das Lied: »Ich geh' mit dir«

Text und Melodie: © Jürgen Gauer

2.3 Türschild-Aktion

(Im folgenden werden die Kinder gebeten, auf ihr »Türnamensschild«, das sie zur Begrüßung an der Kirchentür bekommen haben, etwas zu malen, was sie sich im Hinblick auf die Schulzeit erhoffen und wünschen. Die einleitenden Worte zu dieser Aktion spricht der Pfarrer:)
Liebe Kinder! Wir haben gerade Bilder von verschiedenen Türen gesehen, die vielen von euch bekannt waren, durch die ihr schon oft gegangen seid. Jetzt möchte ich euch noch ein Bild von einer Tür zeigen. Ob ihr die wohl auch erkennt? *(Das Dia von der Eingangstür der Grundschule wird eingeblendet. Kinder raten lassen.)* Das ist die Tür eurer Grundschule. Die Tür, durch die ihr in den nächsten Jahren viele Male ein- und ausgehen werdet. Und – sicherlich seid ihr schon sehr gespannt, was euch hinter dieser Tür erwartet. Ich glaube, ihr habt euch bestimmt schon öfters in letzter Zeit Gedanken über die Schule gemacht. Vielleicht habt ihr überlegt, wie wohl euer Klassenzimmer aussieht oder was ihr gerne in der Schule lernen möchtet oder wie ihr euch eure Lehrer vorstellt und vieles andere mehr.
Vorhin an der Kirchentür, da habe ich ja jedem von euch ein Türschild überreicht, auf dem neben dem Klingelknopf euer Name steht. Ich möchte euch nun bitten, auf dieses Türschild zu malen, was ihr euch wünscht, wenn ihr an die Schule denkt. Wer möchte, der kann sich von seinen Eltern auch ein wenig helfen lassen.

(Während nun die Kinder ihre Wünsche auf die Türschilder malen, wird um die Leinwand mit dem Bild der Schule ein Rahmen aus Holz gestellt, der sozusagen den Türrahmen der Schultür symbolisiert. Der Organist »untermalt« die Aktion mit meditativen Orgelklängen. Wenn die Kinder nach einigen Minuten mit dem Bemalen ihres Türschilds fertig sind, kommt jedes einzeln nach vorne und sagt, was es auf sein Schild gemalt hat. Danach wird das Türschild auf dem Holzrahmen befestigt. Dieser Teil der Aktion wird von der Lehrerin moderiert.)

2.4 Wir singen das Lied: »Ich geh' mit dir«

(Text und Melodie: siehe unter 2.2)

2.5 Die Schultür: Was erwartet uns dahinter

(Dieser Abschnitt wird von der Lehrerin übernommen.)
Liebe Schulanfänger! Ich finde es ganz toll, was ihr alles auf die Türschilder gemalt habt, wie viele gute Wünsche ihr für eure heute beginnende Schulzeit habt: ein buntes Klassenzimmer, viele neue Freunde, oft hitzefrei; daß ihr neben eurer Freundin sitzen könnt, nette Lehrer, gute Zeugnisse, Spaß in den Pausen; oder daß ihr den kleinen Bruder mal mit in die Schule bringen könnt. Einer von euch hat ein ganz dickes, knallrotes Fragezeichen auf sein Türschild gemalt. Er wollte wohl damit sagen, daß er viele Fragen hat zu dem, was ihn nun in der Schule so alles erwartet. Ich kann das gut verstehen.
Darum möchte ich euch noch ein bißchen mehr von der Schule zeigen und darüber sagen. *(Ein Dia mit der etwas geöffneten Schultür wird eingeblendet.)* Kommt, wir schauen mal durch diesen Spalt in der Schultür hindurch, um zu sehen, was sich dahinter verbirgt. *(Im folgenden werden verschiedene Dias aus der Schule gezeigt und ganz kurz von der Lehrerin beschrieben.)*

➔ 1. Schul-Dia: Bild von spielenden Schülern in der Pausenhalle
➔ 2. Schul-Dia: Bild des Kollegiums im Lehrerzimmer
➔ 3. Schul-Dia: Bild vom Flur, in dem das Klassenzimmer liegt
➔ 4. Schul-Dia: Bild von der Tür des Klassenzimmers
➔ 5. Schul-Dia: Bild von der Lehrerin vor der Tafel im Klassenzimmer
➔ 6. Schul-Dia: Bild vom bunten Treiben auf dem Schulhof beim Schulfest

3. Wir lassen das Gehörte nachwirken

3.1 Wir hören die Geschichte vom gütigen Vater (nach Lukas 15,11–25)

(Die biblische Geschichte wird mittels Dias vom Pfarrer erzählt. Die von Kees de Koort gezeichneten Bilder sind als Diaserie herausgegeben von der »Stiftung Docete Hilversum Holland« und wohl in jeder Mediothek ausleihbar.)

Hinführung: Liebe Kinder! Ich möchte euch gerne eine biblische Geschichte erzählen. Eine Geschichte, die Jesus einst erzählt hat. Eine Geschichte, in der ein Junge, sein Vater und auch eine Tür eine ganz wichtige Rolle spielen. Ich lade euch ein, zuzuhören und zuzusehen.

(Dia 1: Die beiden Söhne auf dem Feld) Ein Mann, der einen großen Bauernhof besaß, hatte zwei Söhne. Ihr seht die beiden hier bei der Feldarbeit.

(Dia 2: Ausbezahlung des Erbes) Eines Tages, da geht der jüngere Sohn zu seinem Vater und sagt: »Vater, ich will nicht länger hier bleiben. Gib mir bitte das Geld, das mir zusteht. Ich gehe hinaus in die Welt.« Der Vater gibt ihm das Geld.

(Dia 3: Der Sohn verläßt das Haus.) Der Sohn steckt das Geld ein und packt seine Sachen. Dann geht er aus dem Haus. Ein letztes Mal dreht er sich um. Er sieht seinen alten Vater an der Tür stehen. Ein paar Tränen rollen über sein Gesicht. Doch der Entschluß des Sohnes steht fest. Er will fort.

(Dia 4: Der Sohn feiert in der Fremde.) Er zieht in eine fremde Stadt. Und da er viel Geld hat, findet er schnell Freunde. Mit ihnen feiert er rauschende Feste. Jeder kann essen und trinken, soviel er mag. Der junge Mann bezahlt alles.

(Dia 5: Der Sohn wird aus der Kneipe vertrieben.) Doch es dauert nicht lange, und sein ganzes Geld ist verschleudert. Da wollen auch seine Freunde nichts mehr von ihm wissen. Sie sagen zu ihm: »Verschwinde!« und werfen ihn aus dem Lokal hinaus. Da liegt er nun auf der Straße. Ohne Geld. Ohne Arbeit. Ohne etwas zu essen.

(Dia 6: Sohn geht zu einem Bauern.) Was soll er nun machen? Ihm bleibt nichts übrig, als betteln zu gehen. Doch kaum jemand gibt ihm etwas, denn im Land herrscht eine große Hungersnot. Da geht er eines Tages zu einem Bauern und bittet ihn: »Gib mir bitte Arbeit auf deinem Hof.«

(Dia 7: Der Sohn hütet Schweine auf dem Acker.) Und der Bauer schickt ihn hinaus auf den Acker. Dort soll er die Schweine hüten und füttern.

(Dia 8: Sohn füttert die Schweine.) Der Sohn ist ganz unglücklich. Seine Kleider sind ganz verdreckt. Er hat so großen Hunger, daß er selbst das Futter der Schweine gegessen hätte. Aber der Bauer gibt ihm nichts. Da bereut der Sohn alles und denkt: »Wie gut habe ich es doch bei meinem Vater gehabt. Dort war immer genug zu essen. Mein Vater war auch immer gut zu mir. Ich will nach Hause zurückgehen und ihm sagen: »Vater, es war nicht richtig, daß ich von dir fortgegangen bin und das ganze Geld zum Fenster hinausgeworfen habe. Bitte, verzeih mir, und laß mich fortan auf deinem Hof als Knecht arbeiten.«
(Dia 9: Sohn kehrt zurück, und Vater empfängt ihn an der Tür.) Der Sohn macht sich auf den Weg nach Hause. Endlich erreicht er seinen Heimatort. Er sieht den Hof von weitem. Und dann erkennt er auch seinen Vater. Er steht mit weit ausgebreiteten Armen vor der offenen Haustür und wartet auf ihn.
(Dia 10: Vater und Sohn umarmen sich.) Dann hat der Sohn die Haustür erreicht. Er fällt seinem Vater um den Hals. Welch eine Freude! Sein Vater nimmt ihn wieder mit offenen Armen auf. Und der Sohn sagt: »Vater, verzeih mir bitte. Was ich getan habe, das war nicht richtig.« Und der Vater? Er ist überglücklich über die Rückkehr seines Sohnes. Er ruft alle Knechte, Mägde und Nachbarn zusammen und ruft ihnen zu: »Kommt alle her. Laßt uns ein Fest feiern, denn mein Sohn, den ich nie wiederzusehen glaubte, ist heimgekehrt.«
(Dia 11: Alle feiern ein Fest.) Und sie feiern alle zusammen ein fröhliches Fest.
Kurzauslegung: Liebe Kinder! Das war eine schöne Geschichte, nicht wahr? Diese Geschichte vom gütigen Vater, der seinen Sohn mit offenen Armen wieder an der Tür empfängt. Jesus hat sie einst erzählt, um den Menschen zu sagen: So, wie der Vater auf seinen Sohn wartet, so ist auch Gott für euch da. *(An dieser Stelle wird noch einmal die Eingangstür der Schule eingeblendet.)* Egal, was auf euch zukommt; egal, durch welche Tür ihr auch geht; egal, was euch in der Schule erwartet; Gott ist immer für euch da. Er wartet auf euch, er erwartet euch. Mit ausgebreiteten Armen, mit liebendem Herzen.
Ja, bei Gott rennt ihr immer offene Türen ein. Er schlägt euch nie die Tür vor der Nase zu. Er will zu euch stehen, euch beistehen, wo immer ihr seid, wo immer ihr euch aufhaltet, ob zu Hause oder in der Schule, bei Freunden oder auf dem Schulweg. Darauf könnt ihr ganz fest vertrauen. Gott sei Dank.

3.2 Wir singen das Lied: »Gott will mit mir sein«

Text und Melodie: © Jürgen Gauer

2. Wenn ich springe, wenn ich singe,
nie bin ich allein. Gott will mit mir sein.

3. Wenn ich lache, Streiche mache,
nie bin ich allein. Gott will mit mir sein.

4. Wo ich ruhe, was ich tue,
nie bin ich allein. Gott will mit mir sein.

3.3 Wir werden eingesegnet

(Der Pfarrer spricht nun jedes Kind mit Namen an und bittet es, durch den Türrahmen, der noch im Altarraum steht, zum Altar zu gehen. Wenn alle Kinder um den Altar stehen, leitet der Pfarrer den Segensakt mit folgenden Worten ein:)
Liebe Schulanfänger! Ihr seid in eurem Leben schon durch viele Türen gegangen: durch die Tür zu eurer Wohnung, durch die Tür eures Kinderzimmers, durch die Tür der Kindertagesstätte oder durch die Tür hier im Altarraum. Jetzt dauert es nur noch wenige Minuten, und ihr geht zum ersten Mal durch die große Eingangstür in die Schule hinein. Und vielleicht denkt ihr dann an den gütigen Vater, der seinen Sohn an der Tür erwartete. Denn Gott ist für uns wie der gütige Vater in der biblischen Geschichte. Er will euch in der Schulzeit, die nun vor euch liegt, mit seiner Liebe und seiner Güte begleiten. Das soll nun für euch spürbar werden, indem ich euch segne. Dazu werde ich jedem von euch die Hände auflegen und ihm dazu eine gute Nachricht von Gott weitersagen. *(Jedes Kind wird nun mit Namen angesprochen und bekommt, unter Handauflegung, seinen Taufspruch als Segenswort zugesprochen.)*

Liebe Kinder! Gott will euch mit seinem Segen begleiten, auch jetzt, wo für euch mit der Schule ein neuer Lebensabschnitt beginnt und sich neue Türen für euch öffnen. Und ihr sollt wissen: Gott ist in jedem Haus, auch in der Schule, bei euch. Und vor allem: Gott ist nicht nur heute, sozusagen zwischen Tür und Angel, für euch da, sondern auch an allen weiteren Tagen eures Lebens. Seine Herzenstür steht euch immer offen. Und damit ihr das nicht vergeßt, bekommt nun jeder von euch einen wunderschönen Schlüssel überreicht, den die Kinder des Kindergartens für euch gebastelt haben. *(Der Pfarrer hält einen großen Schlüsselbund hoch, an dem für jedes Kind ein Schlüssel hängt. Diese bekommen die Schulanfänger nun von den Erzieherinnen überreicht. Auf dem Schlüssel steht das zuvor jedem Kind zugesprochene Segenswort. Danach fährt der Pfarrer fort:)*
Liebe Kinder! Möge dieser Schlüssel euch daran erinnern, daß ihr bei Gott eine ganz wichtige Rolle, eine »Schlüsselrolle« spielt. Möge der Schlüssel euch daran erinnern, daß sich euch dort Türen öffnen, wo ihr anderen Menschen mit einem Lächeln begegnet. Möge der Schlüssel euch daran erinnern, daß die Liebe der Schlüssel ist, der Menschen glücklich macht und sie zueinander führt. *(Nun setzen sich die Kinder wieder.)*

4. Wir lassen uns von Gott senden

4.1 Wir singen das Lied: »Herr, bleib bei uns«

1. Strophe Text und Melodie: Kurt Rommel 1967
(= 4. Strophe des Liedes: »Du hast uns, Herr, gerufen«, EG 168, VS 1063.9)

2. Wir geh'n mit Gottes Segen, und der gilt mir und dir.
Und Gott, der Herr, der wartet an jeder Tür.
Und Gott, der Herr, der wartet an jeder Tür.

3. Er ist der güt'ge Vater, der jeden von uns liebt.
Und uns für unser Leben viel Hoffnung gibt.
Und uns für unser Leben viel Hoffnung gibt.

4.2 Wir beten

(Die Teile I–IV des nachfolgenden Gebetes werden vom Pfarrer (I), einer Erzieherin (II), der Lehrerin (III) und einer Mutter (IV) gesprochen.)

I. Lieber Vater im Himmel.
Im Gottesdienst haben wir gehört:
Du erwartest uns an jeder Tür. Du gehst mit uns auf allen Wegen.
Wir danken Dir, daß Du das Leben unserer Schulanfänger bisher behütet und ihnen Menschen an die Seite gegeben hast, die mit ihrer Liebe für sie da waren.

II. Lieber Gott:
So groß sind die Kinder schon, die heute in die Schule kommen.
Wir durften ihnen im Kindergarten beim Wachsen helfen.
Wir durften mithelfen, daß sie spüren und erleben konnten:
Es ist gut, mit anderen zu teilen,
es ist gut, Freundschaften zu schließen und für andere da zu sein.

III. Vater im Himmel.
Schenke den Kindern Freude an der Schule und Zutrauen zu allem Neuen, was nun auf sie zukommt.
Laß sie schnell Freundinnen und Freunde finden.
Laß sie nicht verzweifeln, wenn einmal etwas nicht ganz gelingt.
Gib, daß sie sich in der Schule wohlfühlen, und laß sie zu einer guten Klassengemeinschaft zusammenwachsen.

IV. Lieber Gott.
Danke, daß Du unsere Kinder bisher an Leib und Seele bewahrt hast.
Schenke uns Eltern Geduld und Verständnis für die Freuden und Sorgen unserer Schulkinder.
Behüte sie auf all ihren Wegen mit Deinem Segen.
Amen.

4.3 Wir singen die zweite Strophe des Liedes: »Herr, bleib bei uns«

(Text und Melodie: siehe unter 4.1)

4.4 Wir werden gesegnet

So geht nun in die Zeit, in die Schulzeit, die vor euch liegt, in dem Vertrauen, daß Gott euch leitet und begleitet, daß er mit euch geht und euch zur Seite steht. Darum:
Gottes Güte euch stets behüte.
Gottes Treue euch täglich neue.
Gottes Vergebung trag' euer Leben.
Gottes Segen auf all euren Wegen.

4. Hinweise zur Vorbereitung des Gottesdienstes

- **Folgende Utensilien müssen besorgt werden:**

Die Türschilder und die Schlüssel, die die Schulkinder am Beginn bzw. in der Einsegnung überreicht bekommen, werden aus buntem Pappkarton erstellt. Für die »Türschild-Aktion« braucht man genügend Filzstifte. Desweiteren benötigt man Holz(latten) für den zu erstellenden Türrahmen und doppelseitig klebendes Tesaband zum Ankleben der Türschilder an den Türrahmen. Ferner werden ein Diaprojektor und eine Leinwand gebraucht, nebst der Diaserie zum Gleichnis vom verlorenen Sohn mit Bildern von Kees de Koort.

- **Folgende Dinge müssen hergestellt werden:**

Die Türschilder, auf denen neben einer aufgemalten Klingel der Name des Kindes steht, werden im Vorfeld von den Erzieherinnen gestaltet. Die Schlüssel können Kinder aus dem Kindergarten im Vorfeld des Gottesdienstes basteln. Der benötigte Türrahmen wird am besten von einem Vater »gezimmert«. Die im Gottesdienst zum Einsatz kommenden Schuldias müssen zuvor von der Lehrerin bzw. von einer Erzieherin (= Dias von Haustüren, öffentlichen Türen etc.) fotografiert werden.

Ulrich Haag

Wenn Steine sprechen

Gemeindegottesdienste mit Symbolen

PATMOS

Ulrich Haag, Wenn Steine sprechen.
Gemeindegottesdienste mit Symbolen,
Patmos Verlag Düsseldorf 1998